Wie WIR leben WOLLEN

Kristina Lunz

Empathie und Widerstand

Stimmen zum Buch

»Sanftheit und Verständnis sind keine Einladung zum Überschreiten von Grenzen. Auch nicht im Politischen. Mit *Empathie und Widerstand* trifft Kristina Lunz den Zeitgeist.«
ENISSA AMANI

»Widerstand mit Empathie halte ich für die 2.0-Version des Feminismus. Um die großen Ziele voranzutreiben, ohne dabei einen Großteil der Gesellschaft zu verprellen, braucht es beides in genau der richtigen Mischung. Ein kluges Buch für mehr Miteinander und Verständnis auf dem Weg in eine gerechtere Welt.«
WOLKE HEGENBARTH

»Empathie und Widerstand, diese beiden Tugenden sind jeden Tag gefragt bei Menschen, die wie Kristina Lunz für eine bessere Welt kämpfen. In ihrem Buch zeigt sie, wie es nicht nur (wie so oft) bei schönen Worten bleibt, sondern wie man auch nach ihnen handelt.«
DÜZEN TEKKAL

»Ein Buch, das Mut macht und zum Handeln inspiriert. *Empathie und Widerstand* von Kristina Lunz ist ein Must-read in einer zunehmend herausfordernden Zeit.«
NATALIA WÖRNER

Kristina Lunz

Empathie und Widerstand

Ullstein

Besuchen Sie uns im Internet:
www.ullstein.de

Wir verpflichten uns zu Nachhaltigkeit
- Papiere aus nachhaltiger Waldwirtschaft und anderen kontrollierten Quellen
- ullstein.de/nachhaltigkeit

Ein Buch der Ullstein-Reihe *Wie wir leben wollen*,
herausgegeben von Silvie Horch

MIX
Papier | Fördert gute Waldnutzung
FSC® C021394
FSC www.fsc.org

Ullstein ist ein Verlag der
Ullstein Buchverlage GmbH
1. Auflage 2024
ISBN: 978-3-550-20303-9

Covergestaltung: Favoritbüro, München
Covermotiv: Navid Norouzi

Gesetzt aus der Kepler
Satz: Savage Types Media, Berlin
Druck und Bindearbeiten: ScandBook, Litauen

Inhalt

»Each time a woman stands up for herself, without knowing it possibly, without claiming it, she stands up for all women.« – Maya Angelou

»The world is changed by your example, not by your opinion.« – Paulo Coelho

Für alle, die ins Handeln kommen.

Wie ich meinen Kompass gefunden habe

Als Putin seine Atomstreitkräfte in erhöhte Einsatzbereitschaft versetzte, wartete Anne Hathaway bereits auf uns. Die US-amerikanische Schauspielerin und Oscar-Preisträgerin sollte in der ersten Reihe der Fashionshow eines italienischen Stardesigners sitzen. Für das Modelabel war auch ich im Februar 2022 nach Mailand gereist, als eines von zwölf Gesichtern einer Female-Empowerment-Kampagne, die Frauen aus aller Welt porträtierte, die ambitioniert ihren eigenen Weg gehen.

Die anderen Frauen und ich trafen die Schauspielerin noch vor der Show in der hauseigenen Bar des Hotels. Gemeinsam sollten wir durch die von Paparazzi, Fotograf:innen, Fans und Schaulustigen gesäumten Straßen zur Fashionshow gehen. Es war Fashion Week, und die italienische Modemetropole pulsierte vor Leben und Glamour.

Doch ich kam verspätet zum Treffpunkt. Die Augen noch leicht verweint, zog ich sofort den skeptischen Blick einer Managerin des Labels auf mich. »Bist du aufgeregt, nun mit Hathaway und den anderen zur Show zu laufen?«, fragte sie. Meine Stimme zitterte, als ich erklärte: »Putin hat gerade seine Atomstreitkräfte in erhöhte Einsatzbereitschaft versetzt.«

Es war ein Sonntagnachmittag, das Wochenende nach dem 24. Februar 2022, als der russische Machthaber den Befehl zum Großangriff auf die Ukraine erteilt hatte. Als direkte Reaktion darauf hatte der deutsche Bundeskanzler Olaf Scholz bei einer Sondersitzung im deutschen Bundestag die sogenannte Zeitenwende ausgerufen und ein Sondervermögen von 100 Milliarden Euro für die Bundeswehr angekündigt.*

Mein innerer Ausnahmezustand wurde dadurch gesteigert, dass mein erstes Buch, *Die Zukunft der Außenpolitik ist feministisch,* gerade erschienen war – ausgerechnet an jenem schicksalsträchtigen 24. Februar. Als Reaktion wurde ich mit antifeministischen und misogynen Beleidigungen, Diffamierungen und Häme überzogen, nach dem Motto »Was soll Feminismus schon gegen Putins Waffen ausrichten?«. Mir steckte zudem die Erschütterung aufgrund der russischen Gewalt und die Angst vor Eskalation in den Knochen – und nun saß ich in viel zu teuren Klamotten in der zweiten Reihe am Laufsteg. Zu allem Überfluss zog ich auch noch Unmut vor Ort auf mich, als ich mich weigerte, mit den anderen und gemeinsam mit dem berühmten Modeschöpfer für ein Foto zu posieren. Als Spiegel der Weltlage ließ meine innere Gefühlslage das an diesem Tag nicht zu. Es war ein »Once in a Lifetime«-Wochenende.

---

* Aufrüstung läuft all meinen Überzeugungen zuwider. Ich bin zwar überzeugt, dass in unserer hypermilitarisierten Welt binnen kurzer Fristen die Lieferung von Waffen richtig ist, um bedrohte Menschen zu retten, zu unterstützen und zu schützen. Doch gleichzeitig müssen wir mittel- und langfristig nachhaltigere Lösungen finden. Denn Waffen alleine haben noch nie Frieden geschaffen, sondern stets genau das Gegenteil erreicht. Beispiele für solche nachhaltigen Lösungen sind Sondervermögen für zivile Krisenprävention, (nukleare) Abrüstung, Stärkung des Völkerrechts und der Menschenrechte, Anpassung an die und Eindämmung der Klimakrise, Unterstützung von Menschenrechtsverteidiger:innen und eine (feministische) Zivilgesellschaft weltweit. Siehe Kristina Lunz: *Die Zukunft der Außenpolitik ist feministisch,* S. 15.

Zwei Jahre später, im Sommer 2024, erhob sich eine Frau neben mir. Sie nahm das Mikrofon und sagte: »Ich ging in den Dschungel zu den Tigern. Denn wenn du Frieden willst, musst du auch die Hand des Feindes halten.« Sie sprach als Mutter eines sri-lankischen Soldaten, der im Zuge des jahrzehntelangen Bürgerkriegs entführt worden war. Mit »Tigern« meinte sie die paramilitärischen *Tamil Tigers,* die für die Unabhängigkeit des von Tamilen dominierten Nordens und Ostens Sri Lankas kämpften. Ihr Sohn kämpfte auf der gegnerischen Seite.

Ich war mit etwa hundert Frauen aus der ganzen Welt – Syrien, Jemen, Ägypten, Liberia, Kolumbien, Afghanistan, um nur einige zu nennen – für eine Peacebuilding-Konferenz in der albanischen Hauptstadt Tirana zusammengekommen. Die Arbeit zu Frieden und Sicherheit war unser gemeinsamer Nenner, besonders brutal und schmerzhaft erlebbar durch die Präsenz und die Erfahrungsberichte der zu jenem Zeitpunkt – und noch immer – von Krieg und Vertreibung betroffenen palästinensischen Teilnehmerinnen.

Einige Tage später war ich beim deutsch-israelischen Programm einer deutschen Stiftung eingeladen. Die Teilnehmenden beider Nationen kamen aus Wirtschaft, Politik und NGOs. Während unseres einwöchigen Aufenthalts in Berlin wuchs das gegenseitige Vertrauen besonders durch das Teilen persönlicher Erzählungen – seien es Schilderungen aus israelischer Sicht vom schrecklichen Überfall der Hamas am 7. Oktober 2023 oder von den israelischen Einsätzen im Gazastreifen, die darauf folgten.

Die Wehrpflicht in Israel verlangt in der Regel von Männern einen dreijährigen und von Frauen einen zweijährigen Militärdienst. Reservist:innen werden dann zu Krisen- und Kriegszeiten in den Einsatz geschickt – darunter auch einige der Teilnehmenden des Austauschprogramms.

Mein Alltag ist geprägt von kontrastreichen Welten, von Gegensätzen und von aufeinanderprallenden Perspektiven. Die Erlebnisse in Mailand, in Tirana oder jüngst in Berlin sollen hiervon einen ersten Eindruck geben. Vormittags nehme ich an Meetings mit der Bundeswehr oder im Kanzleramt teil, wo unweigerlich die Bedeutung zunehmender Aufrüstung* betont wird (während gleichzeitig eine langfristige nicht reaktive Strategie fehlt); nachmittags tausche ich mich in internationalen Expert:innenkreisen, die besorgt die globale Aufrüstung betrachten, zu menschlicher Sicherheit aus.

Es ist sehr herausfordernd, meine Offenheit für unterschiedliche Perspektiven, Erfahrungen und Bedürfnisse zu bewahren und gleichzeitig meine persönlichen roten Linien, etwa was die Missachtung von Menschenrechten betrifft, immer klarer zu ziehen. Genau das beschreibt für mich den Balanceakt zwischen Empathie und Widerstand, diesen Tanz zwischen verschiedenen, auch mal einander widersprechenden Perspektiven und klar definierten Grenzen und No-Gos. Ein Tanz, bei dem ich mich manchmal selbstbewusster fühle, während ich in anderen Momenten noch eine unsichere Lernende bin.

In diesem fortwährenden Prozess habe ich stets den Anspruch, mir diese Unsicherheit ein Stück weit zu bewahren, also niemals völlig von der eigenen Haltung überzeugt zu sein. Dadurch halte ich mir die Möglichkeit offen, weiter-

---

* Beziehungsweise, wie es dort eher heißt, »Ausstattung der Bundeswehr«. Oft gibt es zwischen den unterschiedlichen Welten nicht einmal Einigung in der Verwendung der Begrifflichkeiten.

zulernen und in meiner Entwicklung nie stehen zu bleiben. Sich der eigenen Meinung und Position nicht allzu gewiss zu sein, sich selbst immer wieder infrage zu stellen, ist für mich die höchste Form der persönlichen Reife – vor allem, wenn man zugleich Rückgrat beweist und für Dinge, die einem wichtig sind, einsteht.

Bei diesem Tanz zwischen Empathie und Widerstand, beim Versuch, unsere Gesellschaft gerechter zu gestalten, hilft mir das Wissen, dass Politik letztendlich zu großen Teilen Psychologie ist. Politik entsteht im Aushandlungsprozess unterschiedlicher Emotionen und Bedürfnisse und hat sehr viel weniger mit rationalem Verhalten zu tun, als man vermuten würde. Die Neurowissenschaftlerin und Autorin von *Radikal emotional – Wie Gefühle Politik machen,* Maren Urner, beschreibt in ihrem Buch, dass Menschen immer emotional und Emotionen immer politisch sind: »Alles, was unser Zusammenleben ausmacht und damit den politischen Raum bestimmt, der [...] immer und überall präsent ist, ist von Emotionen geprägt.«[1]

Das trifft auch auf Ausnahmesituationen politischen Handelns zu: Historisch gesehen sind Kriege meist nichts anderes als unreife Reaktionen hyperemotionaler, aggressiver Männer mit zu viel Macht, deren Emotionskontrolle zu wünschen übrig lässt. Daher haben Kriege rein gar nichts mit Stärke zu tun, sondern sind vielmehr ein Zeichen emotionaler Unreife und charakterlicher Schwäche.

Erste Einblicke in die Bedeutung der Psychologie für die Politik erhielt ich 2013, als ich drei Wochen lang an der Universität Stanford an einer Summer School zu politischer Psychologie teilnahm. Ich hörte Vorlesungen darüber, was erfolgreichen Friedensverhandlungen im Weg steht, wie sozialer Einfluss auf Entscheidungen wirkt und welche Voraussetzungen für Zusammenarbeit gegeben sein müssen. Ich hörte von Prädiktoren für kollektive Gewalt und Protest, erfuhr Wissenswertes über Gruppendynamiken, setzte mich mit dem Einfluss medialer Berichterstattung auf das Wahlverhalten auseinander. Nicht nur hatte ich erstmals das Gefühl, dass es passte, nach meinem Bachelor in Psychologie nun internationale Politik im Master zu studieren, sondern ich lernte auch, dass Emotionen unsere Politik bestimmen.

Alles, was ich bisher über Kommunikation, Emotionen und menschliche Interaktion – besonders auch in der langjährigen Zusammenarbeit mit meinem psychologischen Coach – gelernt habe, hilft mir in den turbulenten Zeiten, in denen wir leben. Die Kunst guter Kommunikation basiert auf Zugewandtheit und Verständnis, den Grundzutaten für Empathie. Diese Handwerkszeuge helfen mir bis heute dabei, fast jede Auseinandersetzung zu deeskalieren, ohne meine Haltung aufgeben oder Ungerechtigkeiten akzeptieren zu müssen.

Wenn Gesellschaften in Bewegung sind, die Welt voller Herausforderungen ist und die Menschheit vor vielen unzureichend gelösten Fragen steht, gilt es, unterschiedliche Gefühle und Zustände gleichzeitig aushalten zu können. Die Psychologie nennt die Eigenschaft, in einer solch komplexen Welt manövrierfähig zu bleiben, Ambiguitätstoleranz: Man muss nicht nur damit leben und es im besten Fall akzeptieren können, dass es viele unterschiedliche und auch widersprüchliche Ideen und Meinungen gibt, sondern man erkennt an, dass diese Vielfalt nicht bedrohlich ist, sondern bereichernd.

In einer komplexen Welt gibt es keine einfachen Antworten. Manche versuchen, uns weiszumachen, es gäbe diese einfachen Antworten. Das sind jedoch Populist:innen – auf beiden Seiten des politischen Spektrums. Ihnen fehlt etwas, das die Fachärztin für Psychiatrie Heidi Kastner in ihrem Buch *Dummheit* so beschrieben hat: »Das Ertragen von Ambivalenz und Widersprüchlichkeit zählt zu den wesentlichen Entwicklungsaufgaben im Reifungsprozess, den viele allem Anschein nach nicht durchlaufen haben.«[2]

In diesem Buch stelle ich Nuancen in den Mittelpunkt. Es geht um unterschiedliche Gefühle und Wahrheiten, die es gleichzeitig auszuhalten gilt, auch solche, die zunächst gegensätzlich wirken. Wie Wut und Zuversicht. Diese beiden Gefühle sind die Basis, auf der bei mir Empathie und Widerstand gründen – als jene Kernelemente, aus denen sich meine (gesellschafts-)politische Haltung zusammensetzt.

Diese vor Komplexität und Herausforderungen strotzende Welt ist eine ganz andere als jene, in der ich aufgewachsen bin und eine sehr behütete Kindheit hatte: ein bodenständiges fränkisches Dorf, in dem keine hundert Menschen leben. Beide Großelternfamilien waren Bauern. Meine Oma, die neben anderen Familienmitgliedern weiterhin in dem kleinen Dorf lebt, trägt bis heute diesen Beruf als ihren Familiennamen. In unserem Bauerndorf – so beschreiben wir in der Familie selbst den Ort – aufzuwachsen, war eine ganz besondere, schöne Erfahrung voller Natur und Liebe. Ich kümmerte mich um meinen Kater, mein Zwergkaninchen und die Stallhasen. Es war jedes Mal ein erhebendes Gefühl, wenn wir kleine Babyhäschen im Nest einer Stallhäsin entdeckten. Anfangs die Augen noch geschlossen, waren sie eingekuschelt in dem Nest aus Stroh, Heu und Fell, das sich die Hasenmama zum Bau gerupft hatte. Noch größer war meine Freude, wenn wir im Frühling und im Herbst, dem Piepsen folgend, Babys der streunenden Dorfkatzen im Heu oder Stroh in der Scheune fanden. Zu meinen Kindheitserinnerungen gehören Felder,

Wald, Bach, Stall, Wiesen und Tiere. Politik spielte damals noch keine Rolle für mich. Es war eine schöne, freie Kindheit. An vielen Tagen verließen mein Zwillingsbruder und ich gemeinsam mit den anderen Dorfkindern unser Zuhause, durchforsteten Wälder und Wiesen und kamen erst am frühen Abend wieder zurück.

Doch ab dem Teenageralter fühlte ich mich zunehmend unwohl, ich haderte mit den Normen meiner kleinen Welt. Beispielsweise mit der Vorstellung, dass Männer das Sagen haben sollten – und es auch hatten. Jede einzelne Machtposition, vom Bürgermeister über den Pfarrer, den Bäckermeister und den Schuldirektor, den Wirtshausbesitzer und den Dorfvorsteher, den Feuerwehrkommandanten bis zum Sportvorstand – alle waren sie männlich besetzt. Am Wochenende feuerte die ganze Gemeinde die Männerfußballmannschaft beim sonntäglichen Match an. Den Männern galten all die Hochachtung und der Respekt, während Frauen zu Hause unbezahlte Care-Arbeit leisteten, indem sie sich um die Kinder kümmerten und den Haushalt schmissen.

Respekt und Hochachtung waren so ausgeprägt, dass manche dieser Männer keine Konsequenzen zu befürchten hatten, wenn sie uns Mädchen und jungen Frauen gegenüber Grenzen überschritten, sei es im Fahrschulauto oder auf den Dorf- und Sportfesten. Ich wollte das irgendwann nicht mehr akzeptieren. Ich wollte mich widersetzen. Ich wollte weg, und das Studium bot mir den gesuchten Ausweg, auch wenn es mir anfangs sehr schwerfiel, mir eine Welt außerhalb meines Dorfs vorzustellen. Für den Bachelor studierte ich Psychologie, dann mithilfe von Stipendien zwei Politik-Masterstudiengänge, einen in London und einen in Oxford.

Und plötzlich befand ich mich zwischen zwei Welten:

Da war mein Zuhause, mein fränkisches Dorf – und dort diese zunehmend internationale, teils elitäre Welt, in der man mich über die Jahre immer wieder spüren ließ, dass ich eigentlich nicht dazugehörte. Ich trug die falschen Klamotten, hatte zu wenige Bücher gelesen – der Stallgeruch passte einfach nicht. Meine Erfahrungen wurden auf einmal politisch, und ich begann darüber zu schreiben, wie es ist, als Arbeiterkind vom Dorf nach Oxford zu kommen. Mir wurde bewusst, dass die Eliten diverser werden müssen.[3]

Mit dem Zusammenprall dieser Welten stellte ich im Laufe der Jahre immer mehr die tradierten, vermeintlich naturgegebenen Regeln infrage. Ich wurde Feministin und Aktivistin. Eine Mischung aus Empathie und Widerstand gegen die himmelschreienden Missstände wurde zu meinem Antrieb. Ich fühlte mit denjenigen, die marginalisiert werden oder unter ungerechten Strukturen leiden. Und meine Wut lieferte die Energie, mich dagegen aufzulehnen. Um nicht in der Wut zu verharren, wollte ich sie konstruktiv einsetzen. »Wut aufgrund von Ungerechtigkeiten und Mangel an Gleichberechtigung ist im Großen und Ganzen wie Treibstoff«, schreibt Rebecca Traister in ihrem Buch *Good and Mad – The Revolutionary Power of Women's Anger.*[4] Traister zeigt auf, wie die Wut von Frauen – von den Suffragetten bis zur legendären Schwarzen Bürgerrechtlerin Rosa Parks, von #MeToo zum Women's March – transformative Kraft freisetzt.

Im Sommer 2014 verspürte ich große Wut. Ich wollte nicht länger akzeptieren, dass es normal sein sollte, dass Frauen in Europas damals auflagenstärkster Zeitung täglich sexualisiert und degradiert wurden. Konkreter Auslöser war eine Titelseite der *BILD,* auf der neben Fotos von den Dekolletés berühmter und erfolgreicher Frauen dazu aufgerufen wurde, über den »schönsten TV-Busen Deutschlands« abzustimmen. Ich war angewidert von der Herabsetzung dieser Prominenten und überhaupt aller Frauen und antwortete mit einer Kampagne gegen die *BILD*-Zeitung. Knapp 60 000 Menschen unterschrieben eine Petition mit meiner Forderung: »Es müssen endlich alle Menschen in der Berichterstattung von *BILD* und *bild.de* mit derselben Wertschätzung dargestellt werden: Frauen sind nicht die Lustobjekte einer Gesellschaft!« Auf einmal gab ich Interviews und sprach auf Bühnen über meinen Einsatz. 2018 wurde das »*BILD*-Girl« abgeschafft. Das Boulevardblatt begründete diese Entscheidung damit, »dass viele Frauen diese Bilder als kränkend und herabwürdigend empfinden, sowohl bei uns in der Redaktion, aber auch unter unseren Leserinnen«.[5] Unterschiedliche Medien sahen einen Zusammenhang mit meinem Engagement.

Ein Jahr später, kurz nach dem Jahreswechsel 2015/2016, infolge der massenhaften sexualisierten männlichen Übergriffe auf Frauen in der Kölner Silvesternacht, war ich mir sicher, dass es – abseits des konkreten Geschehens in jener Nacht – falsch und verlogen ist, zu behaupten, dass es nur »die anderen« Männer nicht-*weißer* Hautfarbe und nicht-deutscher Herkunft sind, die sexualisierte Gewalt in Deutschland ausüben. Es ist ein globales Problem, überall, also auch ein deutsches. Es ist ein Problem, das es in jedem Land der Welt mit Männern gibt, auf dem Dorf, in der Stadt, überall.

Zusammen mit zwanzig anderen Aktivistinnen initiierte ich die Kampagne »Gegen sexualisierte Gewalt und Rassismus. Immer. Überall. #Ausnahmslos«. Wir stellten vierzehn Forderungen an Politik, Gesellschaft und Medien. Wir schrieben: »Es ist für alle schädlich, wenn feministische Anliegen von Populist:innen instrumentalisiert werden, um gegen einzelne Bevölkerungsgruppen zu hetzen, wie das aktuell in der Debatte um die Silvesternacht getan wird. Sexualisierte Gewalt darf nicht nur dann thematisiert werden, wenn die Täter die vermeintlich ›Anderen‹ sind.«[6] Wir wollten die rassistisch-populistischen Positionen der AfD auf keinen Fall stehen und wirken lassen. Unsere Forderungen schafften es als Aufmacher in die Online-Schlagzeilen wichtiger deutscher Nachrichtenmedien. Wir wurden mit dem Clara-Zetkin-Preis für politische Intervention ausgezeichnet. Es war die erste große öffentlichkeitswirksame intersektionale, also auf vielfältige und miteinander überlappende Diskriminierungsformen hinweisende, Kampagne in Deutschland, mit der wir – 21 Frauen, die nicht mehr leise sein wollten – ein Stück feministische Geschichte schrieben.

Im Zuge der #Ausnahmslos-Kampagne erfuhr ich auch, dass in der Bundesrepublik noch Anfang 2016 das »Nein« einer Frau nicht genügte, um eine Vergewaltigung strafrechtlich verfolgen zu können. Ein Skandal. Bis 1997 durften Männer ihre Ehefrauen legal vergewaltigen. Bis 2016 musste das Opfer einer Vergewaltigung – in über neunzig Prozent der Fälle eine Frau – nachweisen, dass es sich körperlich gewehrt hatte. Bis wir durchsetzten, dass das geändert wurde.

Ich konzipierte damals ehrenamtlich für UN Women Deutschland e.V. deren »Nein heißt Nein«-Kampagne mit. Auch viele andere Frauenrechtsorganisationen engagierten sich seit Jahren für die Änderung des Sexualstrafrechts. Wir schlossen uns zusammen, schrieben Artikel und Kommentare, überzeugten Abgeordnete, erstellten Gutachten, gaben Interviews. Im März 2016 schrieb ich in einem Artikel für *Zeit Online:* »Nein heißt Nein – es ist höchste Zeit.

Es gibt kein vernünftiges Argument dagegen, außer die verzweifelte Aufrechterhaltung eines Systems, in dem die Rechte von Männern mehr zählen als die von Frauen.«[7] Rechtsprofessoren und Anwälte ließen mich wissen, ich solle meinen Mund halten, als Nicht-Juristin hätte ich sowieso keine Ahnung und würde das Schlafzimmer in einen Ort des Verbrechens verwandeln. Als ob das nicht seit Jahrhunderten für so viele Frauen exakt der Wirklichkeit entsprach. Nichts zeigte mir deutlicher als die Aussage der Juristen, was dabei herauskommt, wenn seit Menschengedenken ausschließlich die männliche Perspektive eingenommen und als relevant erachtet wird. Allen Einschüchterungsversuchen zum Trotz gewannen wir: Seit Frühsommer 2016 gilt »Nein heißt Nein«, das Sexualstrafrecht wurde geändert.

Gestärkt durch meine Erfahrungen, begann ich eine internationale Karriere und arbeitete unter anderem im kolumbianischen Bogotá, in New York und in Yangon, der früheren Hauptstadt Myanmars, für verschiedene Organisationen, darunter die Vereinten Nationen im Bereich Peacebuilding sowie Frauen- und Menschenrechte. Auch hier stellte ich zunehmend die Narrative, Handlungsweisen und Prioritäten der Agierenden in Diplomatie und Außenpolitik infrage. Mich befremdete, dass wirtschaftliche Interessen oft höher gewichtet wurden als Menschenrechte und dass Massenvernichtungswaffen als Garant für Sicherheit betrachtet wurden. Wie konnte es sein, dass trotz sich ausbreitender internationaler Konflikte und Kriege sowie der zunehmenden Militarisierung internationaler Ausgaben kaum jemand den empirisch belegten Zusammenhang zwischen mehr Militarisierung, mehr Kriegen und mehr Opfern erkennen wollte?

Also nahm ich all meine Expertise und meinen Mut zusammen und gründete 2018 gemeinsam mit Nina Bernarding das gemeinnützige Unternehmen *Centre for Feminist Foreign Policy* (CFFP) in Berlin. Ich verfasste das weltweit erste Buch zum Thema, *Die Zukunft der Außenpolitik ist feministisch,* das zum Bestseller avancierte und ins Englische übersetzt wurde. Im Koalitionsvertrag der neu gewählten Ampelregierung im Herbst 2021 war ein Bekenntnis zu feministischer Außenpolitik verankert. Im März 2023 stellte Außenministerin Annalena Baerbock die Strategie des Außenministeriums für eine feministische deutsche Außenpolitik vor, zu der das inzwischen auf 15 Mitarbeitende gewachsene CFFP das Ministerium beriet. Ich hatte die Gelegenheit, am Tag der Präsentation dieser Strategie mit der Ministerin die Bühne zu teilen. Bei einer Abendveranstaltung auf der Münchner Sicherheitskonferenz 2023 sagte Baerbock, dass es ohne meine, ohne unsere Arbeit in Deutschland keine feministische Außenpolitik gäbe.

Mein Weg vom Dorf in die Welt war noch nicht zu Ende. Aber er war an einer Wegmarke angekommen, an der ich Wirkung spürte. Was ich – zusammen mit anderen – tat, veränderte unsere Gesellschaft. Heute gehört es zu meinem Berufsalltag, die Generalversammlung der Vereinten Nationen oder Konferenzen wie etwa der NATO zu besuchen. Ich führe Fachgespräche in Botschaften, Ministerien und mit Regierungen und arbeite insbesondere mit Menschenrechtsverteidiger:innen und Zivilgesellschaften weltweit zusammen.

Unsere Arbeit beim CFFP besteht darin, jahrzehnte-, gar jahrhundertealte Glaubenssätze und Positionierungen der Außen- und Sicherheitspolitik zu hinterfragen und die Strukturen, Prioritäten, Finanzentscheidungen und damit die Institutionen selbst zu verändern. Wir entwickeln Gegenentwürfe zu militarisierter Männlichkeit, zu nuklearen

Abschreckungslogiken oder zur Rüstungsindustrie. Diese tradierten Systeme sind derart robust, dass all unsere Erfolge und Einflussnahmen nur ein sukzessives Fortschreiten auf dem Weg zu einem besseren Zustand sind. Es sind inkrementelle Veränderungen, also ein schrittweiser Prozess der Veränderung oder Verbesserung, bei dem kleine Anpassungen oder Fortschritte über einen bestimmten Zeitraum hinweg gemacht werden. Doch das weltweite Leid erfordert viele, viele weitere Schritte. Klimawandel und daraus resultierende Naturkatastrophen, Kriege und zunehmender Autoritarismus fordern uns zum Handeln auf.

Für meine tägliche Arbeit, die nicht selten ein Kampf gegen Windmühlen ist, fühle ich mich immer besser aufgestellt. Ich bin produktiver und optimistischer, weil ich empathisch, einfühlsam und verständnisvoll vorgehen kann und gleichzeitig weiß, wann ich mich abgrenzen und wann ich gegebenenfalls Widerstand leisten muss. In Kim Stanley Robinsons großartigem Roman *Das Ministerium für die Zukunft* zweifelt die Leiterin des Ministeriums, Mary, anfangs an ihrer Eignung für die Position. Sie denkt, die forsche Tatiana würde besser in diese Rolle passen. Doch diese erwidert: »Man muss die Leute zum Zuhören bewegen, damit man sein Anliegen vorbringen kann. Und genau das machst du – die Leute hören dir zu. Dann können wir uns an die Arbeit machen.«[8]

Wie können wir uns an die Arbeit machen, um die Welt zu verändern? Das ist eine Frage, die auch ich mir regelmäßig stelle: Wie weit kann man die Menschen in Machtpositionen herausfordern und gleichzeitig den Zugang zu und die Zusammenarbeit mit ihnen aufrechterhalten, weil man daran glaubt, dass Wandel sowohl von innen als auch von außen möglich und nötig ist?

Wenn wir gesellschaftlichen Wandel fördern und Menschenrechte für alle realisieren wollen, dürfen wir nicht nur inhaltlich denken und argumentieren. Wenn wir wirklich etwas bewirken wollen, ist es genauso wichtig, die Beziehung zu unserem Gegenüber zu gestalten. Denn wenn Menschen in der Sache miteinander ringen, geht es vor allem um Emotionen und Emotionskontrolle, um Empathie, Widerstand und die eigene Haltung.

Für mich ist es zentral, dass ich anderen Menschen und anderen Positionen zunächst einmal mit Offenheit und Einfühlungsvermögen begegne. Das bedeutet aber nicht, dass ich jeder Person oder ihrer Haltung etwas Positives abgewinnen muss. In mir kann sich natürlich ein widerständiges Gefühl einstellen, insbesondere wenn mein Gegenüber wichtige Leitplanken wie Menschenrechte oder die Anerkennung des Menschseins aller Menschen negiert. Zugewandtheit, Verständnis und Empathie sind sehr wichtig. Das bedeutet jedoch nicht, dass jede Grenze überschritten werden darf. Es ist wichtig, Widerstand zu leisten, wenn die eigenen Werte infrage gestellt werden.

Als ich 2016 dazu beitrug, »Nein heißt Nein« im deutschen Sexualstrafrecht durchzusetzen, war meine Haltung: Ich kann verstehen, dass einige politische Akteur:innen und Jurist:innen diese Änderung nicht befürworten, da sie eine Neuheit darstellt. Doch die Reform des Paragrafen 177 StGB war alternativlos: Dass die Verurteilungsrate bei Vergewaltigung in Deutschland bei nur etwa einem Prozent liegt und damit jährlich Zehntausende von Frauen, die die meisten Vergewaltigungsopfer ausmachen, keine Gerechtigkeit erfahren, ist schlicht inakzeptabel.[9]

Es mag naiv klingen, und gleichzeitig könnte ich kaum einen anderen Satz aufrichtiger meinen: Ich möchte dazu beitragen, die Welt – zumindest die Teile der Gesellschaft, in denen ich aktiv wirken kann – gerechter und gewaltfreier zu machen, und auf diesem Weg möchte ich so viele Menschen wie möglich mitnehmen. Oder, um es mit den Worten eines meiner Vorbilder, der früheren Richterin des amerikanischen Supreme Courts Ruth Bader Ginsburg, zu sagen: »Kämpfe für die Dinge, die dir wichtig sind. Aber kämpfe so, dass sich andere dir anschließen wollen!«[10]

Ich bin überzeugt, dass eine Mischung aus Empathie und Zugewandtheit, gepaart mit klaren Grenzen und Widerstand gegen Unrecht, genau die Form des Kampfes darstellt, mit der viele Menschen sich identifizieren können.

◆◆◆

Diese Zeilen verfasse ich aus einer privilegierten Perspektive. In Zeiten des weltweiten Rechtsrucks und der zunehmenden Herrschaft autoritär geführter Staaten empfinde ich es als Vorrecht, in einer Demokratie zu leben. 2022 lebten 72 Prozent der Weltbevölkerung in autoritär regierten Staaten.[11] Trotz des starken und brandgefährlichen Rechtsrucks in Deutschland und gleichzeitig zunehmendem Antisemitismus und antimuslimischem Rassismus leben wir in einer Demokratie. Das ermöglicht Mitgestaltung, wenngleich diese wie überall auf der Welt gegen tief verwurzelte Unterdrückungs- und Ausgrenzungsstrukturen wie Rassismus, Sexismus und Klassismus ankämpfen und sich behaupten muss. Mitgestaltung füllt Demokratie erst mit Leben.

Doch wie lässt sich positiver Wandel gestalten, wenn man die Möglichkeit und Fähigkeiten dazu hat? Ich widme mein Leben der Frauen- und Menschenrechtsarbeit. Als (Sozial-)Unternehmerin, Autorin und Aktivistin setze ich meinen Einfluss und meine Expertise ein. Die Herausforderungen sind immens, der Wunsch nach Verbesserung der gesellschaftlichen Zustände ist umso stärker. Es bedarf eines moralischen Kompasses, einer Grundhaltung geprägt von Menschlichkeit und Verständnis, die gleichzeitig klare Grenzen setzt und damit positiven Wandel erreicht. Um das zu erreichen, müssen Empathie und Widerstand zusammentreffen.

Dieses Buch erklärt, wie das funktionieren kann. Ausgehend von persönlichen Eindrücken, Erlebnissen und Erfahrungen lege ich dar, wie selbstwirksame Haltungen und Handlungen zu einer gerechteren Gesellschaft beitragen können. Im sechsten Kapitel porträtiere ich empathische und widerständige Frauen, die durch genau diese Kombination erheblichen gesellschaftlichen Einfluss erzielt und die Welt zum Besseren verändert haben. Diese Frauen sind meine Weggefährtinnen. In ihren erfolgreichen Kämpfen für mehr Menschenrechte, gegen Rechtsextremismus, für nukleare Abrüstung, gegen die Klimakrise und für die Liberalisierung von Schwangerschaftsabbrüchen sind sie aber noch mehr als das: Sie sind meine Vorbilder, von denen ich seit Jahren lerne und weiterhin lernen darf. Für sie gilt, was für viele andere bemerkenswerte Demokratie- und Menschenrechtsverteidiger:innen da draußen gilt: Wenn sie gewinnen, gewinnen wir alle.

Empathie

Empathie bezeichnet die prinzipielle Fähigkeit, Emotionen und Motive anderer zu erkennen und sie nachzuempfinden. Dazu gehört die Bereitschaft, sich in die Lage einer anderen Person zu versetzen und ihre Gefühlslage zu erfassen, ohne diese unbedingt zu teilen. Empathie ermöglicht es, Mitgefühl und Verständnis für die Situation anderer zu entwickeln und angemessen zu reagieren. Dabei wird zwischen drei Formen von Empathie unterschieden: kognitive, emotionale und verhaltensbezogene Empathie. [12]

Die *kognitive Empathie* meint die Fähigkeit, die Perspektive einer anderen Person intellektuell zu verstehen. Es geht also darum, sich der Denkweise einer anderen Person zu öffnen und zu versuchen, diese zu erfassen. Diese Kompetenz hat keinerlei moralischen Wert – sie ist eine Stärke, von der Ärzt:innen genauso profitieren wie Schwerverbrecher:innen. Bei der *emotionalen Empathie* handelt es sich um die Fähigkeit, den Emotionen einer anderen Person nachzuspüren und gut darauf zu reagieren. Das beinhaltet das Mitfühlen von Freude, Trauer, Wut oder anderen Emotionen, die Menschen haben können. Die *verhaltensbezogene Empathie* ist die Fähigkeit, angemessen auf die Gefühle und Bedürfnisse anderer zu reagieren. Es geht ums einfühlsame Handeln und Unterstützen, um anderen in schwierigen Situationen zu helfen oder sie zu trösten.

Für die Psychiaterin Heidi Kastner ist *emotionale Empathie* ausschlaggebend für wirkliche Lösungen bei komplexen Herausforderungen. In ihrem Buch *Dummheit* schreibt sie, es sei nicht dumm, eine wesentliche Veränderung bestehender Verhältnisse zu fordern. Dumm sei es hingegen, an schnelle und einfache Lösungen zu glauben: »Für wirkliche Lösungen bräuchte es ein Mehr an emotionaler Empathie, also der Fähigkeit, mit anderen mitzuempfinden, Mitgefühl zu entwickeln, in deren Interesse zu handeln und Beziehungen gleichberechtigt zu gestalten, also keinem das anzutun, was man selbst auch nicht erleiden möchte.«[13]

Der Physiker Stephen Hawking sagte 2015, wenige Jahre vor seinem Tod, dass er von den menschlichen Schwächen am liebsten die Aggression korrigieren würde. Möglicherweise habe sie in der Steinzeit Vorteile für das Überleben bedeutet, um an mehr Nahrung, Territorium oder eine:n Partner:in zur Fortpflanzung zu kommen. Jetzt aber, so Hawking, bedrohe sie uns alle. Ein Atomkrieg würde das Ende der Zivilisation bedeuten, und vielleicht auch das Ende der Menschheit. Die Eigenschaft, die er am liebsten verstärken würde, sei die Empathie. Sie vereine uns in einem friedlichen, liebevollen Zustand.[14]

Empathie ist kein Allheilmittel

An dieser Stelle möchte ich Stephen Hawking in Teilen widersprechen. Denn ein Mehr an Empathie alleine ist kein Selbstzweck – dieses Mehr ist nicht automatisch gleichbedeutend mit einem Mehr an »gutem«, moralischem Verhalten. Empathie – insbesondere mehr emotionale Empathie, also die Fähigkeit, das zu fühlen, was andere fühlen – hat nämlich auch negative Seiten. Dem Wandel hin zu mehr Gerechtigkeit und Fairness kann sie mitunter sogar im Wege stehen, zum Beispiel, wenn wir einer Personengruppe mehr Empathie zeigen als einer anderen und dadurch ungerechterweise der letzteren Gruppe Gerechtigkeit verwehren. Als Menschen verspüren wir mehr Empathie gegenüber den Menschen, die uns näher und ähnlicher sind – deren Unglück uns mehr belastet, deren Krieg uns geografisch näher ist – oder scheinen, und mit denen wir enger emotional verbunden sind. Mit Blick auf die Evolution liegt es auf der Hand, dass etwa Eltern den Schutz und die Sicherheit der eigenen Kinder priorisieren.

Ob bewusst oder unbewusst, wir müssen unablässig Abwägungen treffen zu unserem Blick auf die Welt mit all ihrem Leid, auch dazu, ob und wie wir eingreifen. Ohne diese Filter wären wir jeden Tag unseres Lebens schier überwältigt, ab einem bestimmten Punkt sogar handlungsunfähig. Man denke nur ausschnitthaft an den Schmerz aller in Armut lebenden Kinder, aller misshandelten Frauen, aller von Polizeigewalt betroffenen Männer, aller Opfer von Kriegen, aller Menschen auf der Flucht und all diejenigen, deren geliebte Menschen im Sterben liegen. Das unbegreifliche Leid aller Menschen auf der Welt genauso mitzuspüren, wie den Schmerz unserer Eltern, Kinder, besten Freund:innen oder Partner:innen, übersteigt jedes verkraftbare Maß.

Nach der »Scheinwerferlicht«-Funktion der Empathie, die der Psychologie-Professor Paul Bloom in seinem Buch *Against Empathy – The Case for Rational Compassion*[15] darstellt, empfinden wir (emotionale) Empathie für diejenigen, auf deren Leid und Anliegen wir unsere Aufmerksamkeit richten *können*. Dabei kann Empathie zwar zu Mitgefühl und Schutz in persönlichen Beziehungen inspirieren, jedoch im größeren Kontext der Welt oft dazu führen, dass bestimmte Menschen außen vor gelassen werden. Denn das Bekämpfen von Ungerechtigkeiten verlangt Aufmerksamkeit, die sich aus Empathie für eine gewisse Personengruppe speist. Weil Empathie am stärksten für Personen empfunden wird, die uns ähnlich sind und die wir attraktiv finden, während sie für jene, die anders, fern oder anonym sind, oft fehlt, kann es passieren, dass wir das Leiden vieler Menschen nicht sehen (wollen) oder dafür abstumpfen.

Denn außerhalb des Lichtkegels herrscht eine Dunkelheit, die das Leid unzähliger anderer Menschen ausblendet. Diese endlosen Schattenflächen zementieren Unterdrückungsformen wie Sexismus, beispielsweise wenn Männer in Machtpositionen eher bereit sind, Gelder für die Interessen und Probleme von Männern zur Verfügung zu stellen. Oder sie markieren Rassismus, wenn zum Beispiel beim Mitgefühl gegenüber Flüchtenden unterschieden wird, woher sie kommen und wie ähnlich sie uns sind. Das führt dazu, dass europäische Flüchtlinge willkommen geheißen werden, während wir es zulassen, dass Menschen aus Afrika und Asien zu Tausenden im Mittelmeer ertrinken. Findet die psychologische Kategorisierung sogenannter In-Groups (»wir«, die Meinen) und Out-Groups (»ihr«, die Anderen) auf realpolitischer Ebene statt, beispielsweise durch unmenschlichen Umgang mit Geflüchteten, können die Folgen tödlich sein.

Die »Scheinwerferlicht«-Funktion liefert uns einen Erklärungsansatz und kann dazu beitragen, Diskriminierungsformen wie Sexismus oder Rassismus aktiv entgegenzuwirken. Auf keinen Fall darf diese Theorie Nichthandeln entschuldigen oder legitimieren. Sie läuft für mich auf folgende normative Forderung hinaus: Wir müssen trotz aller psychologischen Erklärungsansätze zumindest versuchen, immer allen Menschen und Schicksalen gegenüber empathisch zu sein.

Mit Blooms Theorie lässt sich übrigens auch die weit verbreitete Annahme entkräften, konservative Politiker:innen seien weniger empathisch als linksliberale. Empathie, so seine Erklärung, ist erst mal nur eine Funktion, die nichts darüber aussagt, wie groß der Lichtkegel ist und welche Gruppen oder Kategorien er beleuchtet oder welche er im Schatten lässt. Der Unterschied besteht im Umfang der In-Group: Der ist bei Konservativen eher kleiner, das linksliberale universalistische Ideal hingegen wünscht die Ausweitung des Lichtkegels bis zu einem Zustand, bei dem es keine Out-Group mehr gibt.*

Auch der Professor für Kognitionswissenschaften Fritz Breithaupt hat ein Buch mit der Absicht geschrieben, »uns von einem zu einfachen Bild von Empathie [zu] befreien«, da Menschen, wie es weiter heißt, »Schreckliches mit und aus Empathie tun«.[16] In *Die dunklen Seiten der Empathie* beschreibt der Autor die »scheinbar unmenschliche[n] Dinge, die wir tun oder empfinden, nicht obwohl, sondern gerade weil wir Empathie haben«[17] und diskutiert die ambivalente Natur von Empathie, die keineswegs als alleinige Grundlage für moralisches Handeln angesehen werden sollte. Stattdessen, so Breithaupt, spiele Empathie eine zentrale Rolle in einer Reihe hochproblematischer Verhaltenskonstellationen, wie im Terrorismus, wenn einseitige Empathie für *eine* Gruppe Gewalt gegenüber einer anderen legitimiert, oder ähnlich bei Ausbeutung, Schikanierungen oder fortdauernder Unterdrückung. Solche Verhaltenskonstellationen können unter anderem durch Parteinahme erklärt werden: Empathie für die Situation der einen

---

* In dem Kapitel »The Politics of Empathy« (S. 113 ff.) seines Buches *Against Empathy* geht Paul Bloom der Frage nach, ob Linke/Liberale tatsächlich empathischer sind als Konservative/Rechte. Während es gewisse empirische Evidenzen dafür gibt, sind die Unterschiede tatsächlich nicht so bedeutend, wie manchmal angenommen wird.

Gruppe führt zur Verdichtung der Empathie der anderen Gruppe, was wiederum schnelle Urteile und schließlich eine unreflektierte Parteinahme festigen kann, was wiederum in Schwarz-Weiß-Denken resultiert. Breithaupt schreibt, dass diese Dynamik von Parteinahme und Empathie es uns erlaube, schnelle und feste Entscheidungen zu treffen, bei Konflikten einzugreifen und klar Position zu beziehen. »Je mehr ich den Schmerz der einen Seite fühle, desto stärker werde ich mich für sie einsetzen. Empathie legitimiert mich also zu positivem und negativem Verhalten gegenüber anderen«, so der Autor.[18] Polarisierung und Radikalisierung von Konflikten nehmen zu. Von hier aus tun sich die unter anderem zuvor genannten sehr dunklen Seiten der Empathie auf, wobei der Terrorismus einen besonders drastischen Fall der Polarisierung darstelle, basierend auf der »Entscheidung für eine Partei und das sensible Mitfühlen für eine Bewegung«.[19]

Mir sind die Unzulänglichkeiten meiner eigenen moralischen, empathischen oder anderweitigen Ansprüche und die aller Menschen bewusst. Mein Psychologiestudium war sicherlich nützlich, doch nicht zwingend notwendig, um ein Bewusstsein dafür zu entwickeln, dass trotz manch guter Intention das tatsächliche Verhalten in der Regel alles andere als ideal verläuft. Selbst wenn man moralisch sein will, kann beispielsweise Emotionalität und einseitige Empathie diese Absicht durchkreuzen. Oder das ehrliche Vorhaben, wirklich *allen* Menschen gegenüber empathisch zu sein, erweist sich im Endeffekt doch immer wieder als fehlbar. Gelingende und faire Empathie ist ein Vorhaben mit unzähligen Hürden.

Empathie für sich allein ist keine ausreichend gute Beraterin, sie ist nicht per se die Basis moralischen Verhaltens. Genau deshalb heißt dieses Buch *Empathie und Wider-*

stand. Ich bin überzeugt, dass nur mehr Empathie allein nicht den nötigen gesellschaftlichen Wandel erzeugt. Empathie braucht einen Mit- und Gegenspieler. Dieser notwendige Antagonist ist der Widerstand.

Die Leitplanken, die ein zielführendes Changieren zwischen Empathie und Widerstand sichern, bilden bei mir die Menschenrechte, die Gewaltlosigkeit und der Universalismus. Universalismus bezieht sich dabei auf die Überzeugung, dass bestimmte Prinzipien, Werte oder Normen – etwa die Menschenrechte – für alle unabhängig von ihrer Herkunft, ihrer Kultur oder anderen Unterschieden gelten sollten. Das Konzept zielt darauf ab, ein allgemeingültiges Maß an Gerechtigkeit, Rechten oder Moral zu etablieren, das universell anerkannt und angewendet werden kann. Wenn also im Namen von Empathie Menschenrechte verletzt, Gewalt angewandt oder Universalismus abgesprochen wird – wenn Menschen also die erwähnten dunklen Seiten der Empathie zeigen –, dann kommt Empathie für mich an ihre Grenzen, und mein Verständnis und Mitfühlen für eine Haltung oder eine Positionierung, die diese Leitplanken verletzt, werden durch inneren Widerstand ersetzt.

Bei der Frage »Wie weit soll meine Empathie gehen?« – also wann setzt der Widerstand ein – ist auch die Rolle von Macht elementar. In der zeitgenössischen feministischen Bewegung wie auch in der historischen feministischen Denktradition ist Macht als Analysewerkzeug zentral. Wer hat die Macht, Narrative zu setzen und zu verbreiten, Gesetze zu bestimmen, über Ressourcen zu verfügen und Rechte zu gewähren oder zu versagen? Je nach Antwort ergeben sich bestimmte Wege der Intervention und des Protests, immer mit der Absicht, mehr Gleichberechtigung und Gerechtigkeit zu schaffen.

Machtpositionen statten Menschen mit unterschiedlichen Möglichkeiten und entsprechenden Verfügungsgewalten aus. Bis heute sind diese Machtpositionen weltweit – ob in Politik, Wirtschaft oder Kultur – überproportional in männlicher Hand. Tatsächlich beeinflusst für mich die (Macht-)Position, die jemand innehat, mit welchem Maß an Empathie ich der Person gegenübertrete. Mit einem Justizminister gehe ich hart ins Gericht (und zeige damit Widerstand statt Empathie für seine Haltung) und klage ihn öffentlich an, wenn er sich der Umsetzung von mehr Rechtsschutz für Frauen in den Weg stellt. Anders sieht es aus, wenn ein besorgter Vater gegen Frauenrechte argumentiert, weil er einen Privilegienverlust für seinen Sohn befürchtet aufgrund der fortschreitenden Gleichberechtigung. Denn die Haltung des Ministers hat aufgrund seiner Macht deutlich schlimmere Auswirkungen für Millionen Frauen.

Die Unterscheidung zwischen Person und Rolle ist für mich wichtig. So kann ich beispielsweise gegenüber der Funktion von Justizminister:innen, die Frauen ihre Rechte verwehren, von Vertreter:innen der Rüstungsindustrie, die gegen ein Rüstungsexportkontrollgesetz lobbyieren, oder von Journalist:innen eines Medienhauses, das unserer Gesellschaft schadet, hart ins Gericht gehen. Gleichzeitig kann ich für die Personen als Menschen Empathie empfinden.

Diese Versatzstücke helfen mir, meinen Empathiekompass auszurichten. Wann ist Empathie produktiv und wann sorgt sie dafür, dass Ungerechtigkeiten bestehen bleiben, Gräueltaten und Menschenrechtsverletzungen passieren? Passiert Letzteres, wende ich mich dem Widerstand zu. Doch bis es dazu kommt, erachte ich viele Aspekte, Bestandteile und Ableitungen von Empathie als wertvoll. Zwar ist Empathie kein alleiniges Allheilmittel für alles Unrecht und Unheil in der Welt. Um die von mir erhoffte gerechtere und gewaltfreiere Utopie zu erreichen, ist sie jedoch so relevant, dass ich mich auf den nächsten Seiten ihren weitverzweigten Eigenheiten widmen werde.

Offenheit statt Be- und Verurteilung

Mir ist bewusst, dass das Wort »Verachtung« eine ungeheuer starke Wertung zum Ausdruck bringt, weshalb ich diese Formulierungen mit Bedacht wähle. Doch in diesem Fall halte ich sie für angemessen: Ich empfinde Verachtung für die *BILD*-Zeitung und den Springer-Konzern. Ich verachte dieses Blatt und dieses Unternehmen für all das Leid, das sie seit vielen Jahrzehnten unserer Gesellschaft und insbesondere bestimmten Menschengruppen und Individuen, vor allem Frauen und Menschen mit Migrationsgeschichte, antut. Der angerichtete Schaden ist so immens, dass ich mir wünschte, die Zeitung und der Konzern würden schlicht nicht existieren.

Meine persönliche Auseinandersetzung mit *BILD* und Springer begann, wie oben beschrieben, vor zehn Jahren, als ich mich öffentlich gegen den eklatanten Sexismus des Blattes stellte. Wie der damalige Chefredakteur, Kai Diekmann, auf meine Forderung nach einer respektvollen medialen Darstellung von Frauen reagierte, entsprach haargenau dem, wofür die Zeitung immer schon stand: Es war nicht weniger als ein aggressiv geführter Gegenangriff auf mich, arrogant, respektlos, diskreditierend. Diekmann selbst heizte die Situation weiter an, indem er seine zahlreichen Follower:innen mit Tweets gegen mich aufstachelte. Beleidigungen, sexualisierte digitale Gewalt, an mich gerichtete Vergewaltigungsfantasien und Drohungen gegen meine Familie waren nur einige der ohnmächtig machenden Auswüchse der Onlinegewalt, der ich mich ausgesetzt sah.

Im Laufe der Jahre veröffentlichten Journalist:innen von *BILD* und *WELT* immer weiter diffamierende Aussagen und Unwahrheiten über mich, die ich teilweise unter Mithilfe von Anwält:innen und anderweitiger Unterstützung eindämmen konnte. Das Recht stand hier auf meiner Seite, so hatten zum Beispiel Journalist:innen teilweise keine andere Wahl mehr, als ihre falschen Aussagen zurückzunehmen und zu korrigieren.

Verstärkt wurde meine Haltung gegenüber dem Medienkonzern auch durch befreundete Frauen, die direkt und stark vom Verhalten und Machtmissbrauch des Nachfolgers von Diekmann, Julian Reichelt, betroffen waren oder noch immer sind, und mein Wissen darüber, wie die Konzernspitze damals mit dem Skandal umging.

Ein zufälliges nächtliches Zusammentreffen während des Schreibprozesses dieses Buches in einer Berliner Bar mit dem Kommunikationschef von Springer hat meine Haltung gegenüber dem Konzern ebenfalls nicht positiv beeinflusst. Es spricht Bände, wenn jemand in dieser Position nur wenige Minuten braucht, Frauen als »Bitches« zu bezeichnen und mich als Praktikantin abzuwerten.

Ich wiederhole mich: Ich habe für die *BILD*-Zeitung nichts als Verachtung übrig, und ich wünschte, sie sowie ihr Dach, der Springer-Konzern, würden in dieser mächtigen Ausgestaltung nicht existieren.

Im Laufe der Jahre lernte ich bei Springer allerdings viele Menschen in unterschiedlichsten Positionen und Verantwortlichkeiten kennen, darunter durchaus einflussreiche Personen. Bei einer bestimmten Begegnung war ich, aufgrund meiner Grundhaltung, zunächst sehr skeptisch. Die betreffende Person ist seit Langem mit jemandem, der mir nahesteht, eng befreundet. Wir führten lange Gespräche, in denen ich meine Haltung erläuterte, während mein Gegenüber seine Position darlegte. Es stellte sich heraus, dass wir gar nicht so weit voneinander entfernt waren, wie meine Skepsis es mir intuitiv eingetrichtert hatte. Wir unterschieden uns nur darin, dieselben Strukturen einmal von außen und einmal von innen heraus kritisieren und im besten Falle verändern zu wollen.

Ob und inwieweit problematische Strukturen letztlich weiter zementiert werden, wenn man Teil von ihnen ist und ihnen somit immer auch irgendwie zuarbeitet, selbst wenn man sie ändern möchte, sind wichtige Fragen, die in meinem Leben in verschiedenen Kontexten immer wieder auftauchen. Explizit mit Blick auf Springer und besonders die Führungsebene ist meine Skepsis hinsichtlich der Frage nach wirklichem Wandel von innen leider stärker als mein Optimismus.

Nicht so bei meinem Gegenüber: Die Person hat andere Überzeugungen, die in anderen Entscheidungen resultieren. Meine anfängliche Voreingenommenheit und Neigung, das Tun der Person zu be- und verurteilen, wandelte sich. Da ich die Person und ihre Beweggründe mittlerweile besser verstehe, bin ich dankbar, dass meine Offenheit meine Vorurteile, mit denen ich auf dem Holzweg war, allmählich abgelöst hat. Heute erkenne ich den Wert und die Bedeutung ihrer Arbeit an und schätze die Beziehung zu ihr außerordentlich.

Empathie erfordert in allererster Linie, jegliches Be- und Verurteilen auszuschalten. Empathisch sein heißt, das volle Menschsein jedes Menschen mit allen dazugehörigen Implikationen anzuerkennen. Wenn wir es schaffen, ohne Vorurteile überhaupt erst einmal zu akzeptieren, dass jeder Mensch eigene Erfahrungen und Realitäten hat, dann zeigen wir Empathie, dann kann wirklich davon gesprochen werden, sich in die Person gegenüber einzufühlen – auch, wenn ihre Realität eine andere ist.

Vor vielen Jahren habe ich mir bewusst vorgenommen, nicht als ersten Impuls zu be- oder verurteilen, wenn ich von den Ideen, Handlungen und Ansichten anderer erfahre. Es sollte, wenn überhaupt, der letzte Schritt sein. Das ist nicht so einfach. Denn niemandem von uns gelingt es, ohne jegliches Be- und Verurteilen durch die Welt zu gehen. Wir können jedoch alle versuchen, bewusst darauf zu achten, zuerst empathisch und offen auf andere zuzugehen. Ich bin überzeugt, dass üble Nachrede und Lästern eher etwas über uns selbst als über die betreffende Person aussagen. Oder, wie es meine Freundin, die Schauspielerin Wolke Hegenbarth, einst passend auf den Punkt brachte: »Was Peter über Paul sagt, sagt mehr über Peter als über Paul.«

Güte, Wärme und Offenheit stehen in direkter Verbindung zu dem Willen, nicht schlecht über andere zu reden. Zusammen zeigen sie die grundsätzliche Bereitschaft an, sich in die Lage anderer zu versetzen. Zu Menschen, die sich durch diese Einstellung auszeichnen, schaue ich persönlich auf.

Mutter Teresa soll einst gesagt haben: »Wenn du Menschen beurteilst, hast du keine Zeit, sie zu lieben.« Ein Kopf und ein Herz, die viel be- und verurteilen, tun sich schwer, empathisch anderen gegenüber zu sein.

Wenn ich jedoch feststelle, dass mein Gegenüber immer wieder unmenschlich und menschenverachtend argumentiert oder sogar handelt und sich auch nicht ändern wird, dann wird das Urteilfällen zur Pflicht und zum Imperativ, gegebenenfalls in den Widerstand zu gehen. Auch das muss klar sein: Der Versuch, nicht zu be- und verurteilen, darf nicht dazu führen, dass wir Offenheit und falsche Toleranz gegenüber Menschenrechtsverletzungen zeigen.

Menschlichkeit

Vor nicht allzu langer Zeit stieß ich beim Scrollen durch Social Media auf eine Anekdote, die mich nicht mehr losgelassen hat:

> *Ein Mann stand während des Vietnamkriegs jeden Abend mit einer Protestkerze vor dem Weißen Haus. Einmal kam ein Reporter zu ihm und fragte: »Sir, glauben Sie wirklich, dass Ihr kleiner Protest irgendetwas verändern wird?« Und er antwortete: »Oh, ich komme nicht hierher, um sie [die Politiker:innen, die Regierungsverantwortlichen] zu verändern. Ich komme hierher, damit sie mich nicht verändern. Ich werde nicht zulassen, dass die stetige, rasende Welle des Wahnsinns meine Menschlichkeit abnutzt. Ich werde die Wahrheit kennen und die Wahrheit sagen. Ich werde meinen kleinen Beitrag leisten – jeden verdammten Tag –, um menschlich zu bleiben, um wach und einfühlsam zu bleiben. Damit die Welt meine Menschlichkeit nicht abnutzt.«*[20]

Diese Anekdote verdeutlicht auf berührende Weise die Bedeutung von Menschlichkeit und Eigenverantwortung inmitten aktueller Konflikte und gesellschaftlicher Herausforderungen. Sie zeigt uns, dass es zuallererst immer um uns selbst und unsere Haltung geht. Ob wir bei anderen etwas ändern können, wissen wir nicht. Doch wir können und sollten jederzeit für unser Handeln und unser Wirken Verantwortung übernehmen, nicht von außen aufoktroyiert, sondern aus uns selbst heraus. Bei uns selbst können wir immer wirkmächtig sein, und im Idealfall beeinflusst unser Sein und Tun auch andere und damit die Gesellschaft positiv. Der Mann mit der Kerze veranschaulicht die Kraft individueller Menschlichkeit und den Wert, sich trotz widriger Umstände für das, was er als gut und richtig empfindet, einzusetzen und unbeirrt von äußeren Einflüssen an den eigenen Werten festzuhalten.

Da wir alle Menschen sind, kann schnell der Eindruck entstehen, es müssten alle auf ganz natürliche Weise auch menschlich sein, sich also menschlich verhalten. Den deutschen Wörtern »menschlich« und »human« fehlt interessanterweise jene Trennschärfe, die ich in der englischen Version der Wörter sehe. Dort wird nämlich zwischen *human* und *humane* unterschieden. Das englische *human* bezieht sich auf typisch menschliche Eigenschaften, Qualitäten oder Merkmale. Darin enthalten sind beispielsweise die menschlichen Emotionen, menschliches Verhalten und so weiter. *Humane* hingegen meint Empathie, Freundlichkeit, Güte und Rücksicht anderen Personen und Lebewesen gegenüber, insbesondere gegenüber Personen oder auch allen anderen Lebewesen, die sich in belastenden oder vulnerablen Situationen befinden. Im Deutschen verwenden wir jedoch meist nur das Wort »menschlich«, um beides zu beschreiben.

Menschlichkeit zu priorisieren heißt für mich, dass wir zuerst und vor allem jede Person als Mensch sehen sollten, anstatt sie in Schubladen zu stecken oder uns in Identitätszuschreibungen zu verlieren. Menschlichkeit steht über Identität. Die Anerkennung des Menschseins jedes Einzelnen bedeutet außerdem, zu verstehen, dass wir alle aufgrund von Identitätskategorien wie Gender, Race oder sozialer Herkunft individuelle Realitäten haben. Sie machen die Vielfalt und Tiefe unseres Menschseins aus. Dieser Universalismus ist traditionell eine der grundlegenden Säulen des Linksseins, wie die Autorin Susan Neiman betont.[21]

Ein Prinzip des Universalismus sind Allianzen. Zur internationalen Solidarität gehört, sich verbunden zu fühlen und beispielsweise die für ihren feministischen Protest bekannten isländischen Frauen, Freiheitskämpfer:innen in Südafrika oder Bürgerrechtler:innen in den USA zu unterstützen. Das unterscheidet die Linke von der Rechten, die oft keine tiefen Verbindungen und Verpflichtungen über ihre In-Groups hinaus anerkennt.

Linke internationale Solidarität umspannt Neiman zufolge den kompletten Globus. Was uns vereine, sei nicht das Blut, sondern die Überzeugung, dass trotz der Unterschiede in Zeit und Raum, die uns trennen, die Menschen auf vielfältige Weise tief miteinander verbunden sind. In ihrem Buch *Left is not Woke* problematisiert Neiman die Tendenz, dass ein beträchtlicher Teil der Linken heute vom Universalismus abrücke und sich zunehmend dem Tribalismus oder Stammesdenken zuwende und sich somit ideengeschichtlich politisch rechtem Denken annähere.[22]

Dem versuche ich zu widerstehen. Meine politische Überzeugung basiert auf dem Ansatz eines radikalen Universalismus.* Demnach gebührt allen Menschen, unabhängig von ihren Identitätsmerkmalen, mein voller Respekt, und ich fordere die Realisierung der Menschenrechte für alle. In-Group- versus Out-Group-Denken darf niemals über dem Zugeständnis der Würde aller stehen, und Identität darf niemals schwerer wiegen als das Menschsein.

◆◆◆

* Sie ist damit auch inspiriert vom gleichnamigen Buch von Omri Boehm: *Radikaler Universalismus – Jenseits von Identität.*

Am 7. Oktober 2023 wurde das schwerste Massaker an Jüdinnen und Juden seit dem Holocaust verübt, begangen durch die Terrororganisation Hamas. Es läutete zugleich den Beginn der brutalen und kriegerischen israelischen Militäroperation unter der rechtsextremen Regierung Benjamin Netanjahus im Gazastreifen ein, bei der weiterhin täglich unzählige Palästinenserinnen und Palästinenser getötet werden.

In den Tagen und Wochen nach dem Angriff und der fortwährenden Gegenreaktion war und ist für mich der Aspekt der Menschlichkeit, bei meinem Versuch, eine Haltung finden, sehr wichtig. Eine solche Haltung muss vom Universalismus und damit vom Menschsein der Betroffenen ausgehen und den unerträglichen Schmerz der Zivilist:innen in Israel und Gaza gleichzeitig ohne Wenn und Aber anerkennen. Ideologien, Propaganda und die falsche Gleichsetzung von Menschen mit ihren politischen Führern verblenden uns und tragen dazu bei, dass wir das Menschsein von Palästinenser:innen oder Juden und Jüdinnen nicht mehr sehen. Ich sehe es so: Wenn wir um bestimmte menschliche Leben mehr trauern als um andere, ausgehend von den Handlungen der Regierungen dieser Menschen oder auch der Haltung unserer eigenen Regierung, dann hat die Propaganda gewonnen.

Der israelische Völkerrechtler Michael Sfard schrieb im Oktober 2023: »Menschlich zu sein ist harte Arbeit. Menschlich zu bleiben angesichts unmenschlicher Grausamkeit ist weitaus schwieriger.« Er fügte hinzu, was schon oben besprochen wurde, nämlich dass Menschlichkeit entgegen unserer intuitiven Annahme eben keine natürliche menschliche Eigenschaft ist: »Viel natürlicher ist der Wunsch nach Rache, jedem auf der anderen Seite die Schuld zu geben, Tausende von Bomben auf sie abzuwerfen, sie von der Erdoberfläche zu tilgen. Die Menschheitsgeschichte ist voll von Beispielen, und anscheinend haben wir nichts daraus gelernt.«[23]

Nur wenige von uns besitzen die Weisheit des Kerzenträgers vor dem Weißen Haus zur Zeit des Vietnamkriegs. Nur wenige von uns haben wirklich verstanden: Menschlichkeit geht von mir aus, sie ist aber immer auf das Gegenüber gerichtet.

Wachstum

Ein wichtiger Aspekt von Empathie ist, Wachstum zuzugestehen und zu fördern. Das gilt mit Blick auf das eigene Verhalten, die eigenen Kapazitäten und Bewältigungsstrategien, aber auch in Bezug auf den Umgang mit anderen oder die eigene (politische) Haltung.

Doch bevor Wachstum einsetzt, gibt es oft Wachstumsschmerz. Bei mir zeigt er sich meist dadurch, dass ich hin und her gerissen bin – nicht in Balance. Ich schlafe schlecht, bin rastlos und spüre Unklarheit, Angst, Sorge und Unsicherheit. Anders ausgedrückt: Mein Seeboden ist aufgewühlt. Ich versuchezu jeder Zeit in meinem Leben, meinen metaphorischen Seeboden – also mich, meine Gefühlslage – ruhig zu halten. Egal, wie schlecht das Wetter ist, ob ein Sturm aufzieht und auf der Wasseroberfläche die Wellen wild schlagen.

Indem ich mich klar abgrenze und im Einklang mit meinen Bedürfnissen lebe, gelingt es mir in aller Regel, ein ruhiges und ausgeglichenes Selbstempfinden zu wahren. Egal, wie herausfordernd die Führung und das Wachstum meiner Organisation ist, wie viel von außen, beispielsweise durch Social Media – inklusive digitaler Gewalt –, auf mich einprasselt oder wie überladen mein Kalender ist und wie sehr Menschen an mir zerren – meine oberste Priorität ist stets, meinen Seeboden ruhig zu halten.

Doch manchmal gelingt mir das nicht. Immer wieder gibt es diese Phasen des Wachstumsschmerzes, in denen ich spüre, dass dieser eine Knoten, der Wachstumsknoten, so groß ist, dass ich neue Bewältigungsstrategien und Kompetenzen brauche, um mit den aktuellen Herausforderungen dauerhaft gesund umgehen zu können. In solchen Momenten fühle ich mich wie eine Boxerin, die lädiert in den Seilen hängt.

Einmal hatte ich tatsächlich diesen unumstößlichen Drang, meine Organisation zu schließen und mich aus der Öffentlichkeit und vom ständigen Kampf für Frauen- und Menschenrechte zurückzuziehen. Mir wurde einfach alles zu viel, besonders die digitale Gewalt und die Beurteilungen aus der Öffentlichkeit. Zuerst wollte ich aufgeben. Doch dann lernte ich, anzuerkennen und zu akzeptieren, dass ich angeschlagen bin und dass das okay ist. Mir wurde klar, dass ich mich auf mich verlassen kann und dass ich alle Kompetenzen in mir trage, die ich brauche, um aus dieser Situation wieder herauszukommen. Rückblickend half mir dieses Tief sehr dabei, zu verstehen, mir selbst – aber vor allem auch anderen – zuzugestehen, dass alle Formen von Erfahrungen, auch die unangenehmen, wichtig und wertvoll sein können, dass wir aus ihnen lernen und emporwachsen können.

Im Laufe der Jahre habe ich gelernt, meinem eigenen Wachstum immer wieder nachzuspüren, was mich auch wohlwollender und sensibler für das Wachstum anderer gemacht hat. Wachstum kann bedeuten, sich im Umgang mit anderen weiterzuentwickeln, es kann bedeuten, resilienter zu werden, neue oder andere Fähigkeiten und Bewältigungsstrategien zu erlernen, die eigene politische Haltung anzupassen und zu verfeinern, und vieles mehr.

Nach dem Wachstum ist ein bestimmter Teil nicht mehr so, wie er vorher war. Und das ist großartig, denn es zeigt, dass wir die Möglichkeit und Fähigkeit haben, uns zu verändern und uns weiterzuentwickeln. Ich bin ganz sicher nicht mehr die, die ich noch vor einigen Jahren war. Wachstum zuzulassen kulminiert bei mir etwa hin und wieder darin, mich bei nahestehenden Menschen für mein früheres Verhalten zu entschuldigen. Ich habe mich verändert und aus der Vergangenheit gelernt.

Besonders in Bezug auf gesellschaftspolitische Positionen habe ich in den letzten Jahren viel persönliches Wachstum erfahren. Dies ist größtenteils darauf zurückzuführen, dass ich immer wieder neuen inspirierenden Menschen begegne, von denen ich viel lerne – sei es durch ihre Lebenserfahrungen, Einstellungen oder Fähigkeiten. Mit einem offenen Herzen und einem offenen Ohr gelingt es mir in der Regel sehr gut, aus jedem Treffen etwas Wertvolles mitzunehmen.

Es passiert mir regelmäßig, wenn ich Zeit mit Freund:innen oder Bekanntschaften verbringe, dass sie gegen Ende des Gesprächs zu mir sagen: »Oh, jetzt habe ich die ganze Zeit geredet, und du bist kaum zu Wort gekommen.« In solchen Momenten versichere ich meinem Gegenüber stets aufrichtig, dass das überhaupt kein Problem für mich ist. Ich höre gerne zu und bin aufmerksam. Ich finde das großartig, denn jedes Mal, wenn jemand anderes spricht, habe ich die Möglichkeit, etwas Neues zu entdecken.

Wenn wir selbst reden, hören wir ja nur das, was wir bereits wissen. Die Erfahrungen anderer, besonders, wenn sie sich von meinen eigenen unterscheiden, können dazu führen, dass ich meine eigene Haltung überdenke, gegebenenfalls anpasse und persönlich wachse.

In meinen frühen Zwanzigern dachte ich beispielsweise, dass eine Frauenquote unnötig sei und dass jeder Mensch seine Ziele unabhängig von Geschlecht oder sozialer Herkunft erreichen könne. Diese Überzeugung wurde stark durch meine konservative kindheitliche Sozialisation geprägt. In meiner Familie spielte das Leistungsprinzip eine wichtige Rolle: Mein Vater, der als Bauernjunge aus ärmlichen Verhältnissen stammte, war der Erste in seiner Familie und in seinem Dorf, der es auf die Realschule schaffte. Sein sozialer Aufstieg war mit viel Stolz verbunden und hat zweifellos auch meinen eigenen Lebensweg maßgeblich beeinflusst.*

Es dauerte einige Jahre, bis ich begann, meine Überzeugungen zu hinterfragen und die Erfahrungen von Betroffenen sowie die Faktenlage intensiver zu betrachten. So wurde mir klar, dass das »Leistungsprinzip« eine Illusion ist. Es ist zwar eine oft bemühte Erzählung, dass Belohnungen und Vorteile in der Gesellschaft auf Basis von Leistung verteilt werden. Doch diese Vorstellung schließt nicht nur viele Menschen aus (etwa Care-Arbeit leistende Menschen, was in einer patriarchalen Gesellschaft oft nicht als Leistung anerkannt wird) oder stellt sie schlechter (wie beispielsweise Menschen mit Behinderungen). Es verschleiert auch Ungerechtigkeiten wie Diskriminierung, Unterdrückung, Privilegien und vieles andere.

Beim Wachstum geht es darum, sich mit Offenheit Neuem zu widmen, aber auch Altes zu »verlernen«. Aus einer feministischen und gerechtigkeitsorientierten Per-

* Ich wünschte, er hätte noch vieles auf dem Weg, der mich bis hierher führte, mitbekommen. Leider verstarb er vor zehn Jahren.

spektive ist das Verlernen entscheidend, um sich von seit Jahrzehnten und Jahrhunderten etablierten Narrativen und Strukturen zu lösen und Wege in eine gerechtere Zukunft zu ebnen. In unserem Sammelband *Unlearn Patriarchy*[24] machen wir, die Autor:innen, genau das: Wir denken Themen und Bereiche wie Liebe, Familie, Sexualität, Macht, Politik und Arbeit neu.

Peacebuilding

Eine der härtesten und gleichzeitig wichtigsten Aufgaben für unsere Gesellschaft ist das sogenannte *Peacebuilding*. Friedensstifter:innen stellen sich der Herausforderung, Konflikte in Gesellschaften und zwischen Nationen zu lösen. Peacebuilding ist ein komplexer Prozess, der darauf abzielt, einen dauerhaften Frieden herzustellen und das Wiederaufflammen von Gewalt zu verhindern.

Wenn ich über Frieden spreche, dann meine ich *positiven* Frieden: Dies fordert einen Zustand, der über die Abwesenheit von Gewalt hinausgeht. Denn leider bedeutet Friedenszeit nicht automatisch, dass alle Menschen – insbesondere diejenigen, die unter struktureller Gewalt wie Sexismus oder Rassismus leiden – friedlich und frei leben können. Frieden sollte deshalb nicht nur als das Fehlen von Krieg (*negativer* Frieden) verstanden werden. Für wirklichen, positiven Frieden müssen strukturelle Gewalt und Benachteiligung, einschließlich Armut, Hunger, soziale Ungerechtigkeit und Ungleichheit, beendet werden.

Peacebuilder:innen arbeiten auf unterschiedlichen Ebenen daran, Frieden und Gewaltfreiheit in Gesellschaften zu fördern. Dazu gehören die Friedenserziehung und Konfliktprävention, die Konfliktlösung zwischen verfeindeten Parteien, Mediation, der Wiederaufbau nach Konflikten und die Lösung sozioökonomischer Missstände. Die so geleistete Bildungs- und Aufklärungsarbeit zielt darauf ab, den gesellschaftlichen Zusammenhalt wiederherzustellen, zu fördern und somit resiliente Gesellschaften aufzubauen, die ihre Streitigkeiten friedlich und gewaltfrei bewältigen können.

Durch meine Arbeit konnte ich in den letzten Jahren zahlreiche Peacebuilder:innen aus verschiedenen Teilen der Welt kennenlernen, sei es aus Myanmar, Kolumbien, Libyen, Afghanistan, der Ukraine und anderen Ländern und Regionen. Zu ihren Grundprinzipien gehört neben Gewaltfreiheit immer auch Empathie. Doch diese Empathie ist nicht unkontrolliert und ungesteuert. Ungefilterte Empathie kann, wie wir bereits gesehen haben, Parteinahme zur Folge haben. Dann werden Konflikte weiter verschärft statt aufgelöst. Peacebuilder:innen dient Empathie dazu, die Menschlichkeit *aller* Konfliktparteien und Individuen zu betonen.

Eine dieser beeindruckenden Peacebuilder:innen ist Sanam Naraghi-Anderlini. Sanam wurde in die iranische Elite hineingeboren, emigrierte im Zuge der Islamischen Revolution 1979 nach Großbritannien und pendelt nun zwischen London und den USA, wo sie als Gründerin und Direktorin des *International Civil Society Action Network* tätig ist. In den vergangenen dreißig Jahren hat sie zahlreiche Friedensprozesse aktiv begleitet, unter anderem in Somalia, Nepal und Afghanistan. Ich lernte Sanam 2017 bei der *Commission on the Status of Women* kennen. Die wichtigste und renommierteste internationale Frauenrechtskonferenz findet jährlich bei den Vereinten Nationen in New York statt. Als Neuling auf diesem Gebiet beeindruckte Sanam mich fortwirkend.

Bei einer Panel-Diskussion erklärte sie beispielsweise, die WPS-Agenda der Vereinten Nationen – kurz für *Women,*

Peace and Security – werde falsch verstanden, wenn sie praktisch dazu führe, mehr Frauen in den Militärdienst zu bringen (was in vielen Ländern faktisch vorangetrieben wird). Vielmehr müssten die militaristischen und zerstörerischen Strukturen abgeschafft werden, damit weder Söhne noch Töchter dem Militär beitreten und in gewaltsamen Konflikten kämpfen müssen. Es gehe darum, Konflikte zu verhindern – und nicht, sie gleichberechtigt zu machen. WPS – Frauen, Frieden, Sicherheit – umfasst ein ganzes Bündel von Resolutionen des Sicherheitsrates der Vereinten Nationen. Darin geht es um die Rolle von Frauen im Peacebuilding und die Bedeutung der Sicherheit für Frauen für nachhaltigen Frieden.* Sanam ist eine der »Mütter« der Agenda, in den späten 1990er-Jahren hat sie die erste Resolution mitverfasst.

Für Sanam bedeutet Peacebuilding die Suche nach der Menschlichkeit im Anderen und die Schaffung eines Dialograums, in dem Gewalt durch Gewaltlosigkeit ersetzt wird. Es beinhaltet die Fähigkeit, eine wünschenswerte Zukunft zu antizipieren und gleichzeitig darauf hinzuarbeiten, unerwünschte Zukunftsszenarien zu vermeiden.

Der Ansatz kontrastiert das tradierte Paradigma, demzufolge es die Vergangenheit ist, aus der für die Zukunft gelernt werden müsse. Stattdessen interpretieren Peacebuilder:innen wie Sanam die gewünschte Zukunft als Ausgangspunkt für unser Handeln in der Gegenwart. Sanam hat dafür ein eingängiges Bild: Die Peacebuilder:innen sitzen sich nicht gegenüber (wie verhandelnde Konfliktparteien), sondern nebeneinander und blicken gemeinsam in die zusammen zu gestaltende Zukunft.

---

* Dem Thema widme ich in meinem Buch *Die Zukunft der Außenpolitik ist feministisch* ein komplettes Kapitel, siehe dort S. 157 ff.

Ein anderes elementares Peacebuilding-Prinzip ist die Anerkennung unterschiedlicher Wahrheiten, die unterschiedliche Menschen von ein und demselben Geschehen haben können. Verletzungen, Schaden und Leid dürfen nicht relativiert werden; es gibt moralische Grenzen, ähnlich roten Linien. Gleichzeitig beschreibt das Prinzip die Bereitschaft aller, auf eine Situation oder ein Erlebnis aus unterschiedlichen Perspektiven zu blicken.

Ich erlebte die Wirkmächtigkeit dieses Prinzips auf beeindruckende Weise während des kolumbianischen Friedensprozesses. 2016 lebte ich für ein paar Monate im Zentrum der Hauptstadt Bogotá, um bei der feministischen Organisation *Sisma Mujer* zu arbeiten. Ich kam am 1. Oktober 2016 in Bogotá an und damit just einen Tag vor dem Referendum, in dem das kolumbianische Volk über die Annahme eines Friedensvertrags zwischen der Regierung und der linken Guerillabewegung FARC* abstimmte. Der dem Volk vorgelegte Friedensvertrag war einer der inklusivsten der Weltgeschichte, und *Sisma Mujer* hatte dazu stark beigetragen. Leider wurde der Vertrag im Referendum sehr knapp von der Bevölkerung abgelehnt.**

Als am 24. November 2016 der überarbeitete Vertrag zwischen der Regierung und der FARC unterschrieben wurde (dieses Mal ohne Referendum), war er trotz voran-

---

* *Fuerzas Armadas Revolucionarias de Colombia – Ejército del Pueblo,* Revolutionäre Streitkräfte Kolumbiens – Volksarmee.

** Die vom ehemaligen kolumbianischen Präsidenten Álvaro Uribe angeführte »No«-Kampagne gewann mit einem Vorsprung von 0,4 Prozent, das waren 54 000 Stimmen. Dabei hatte der Mitte der 1960er-Jahre begonnene kolumbianische Bürgerkrieg mehr als 220 000 Menschen das Leben gekostet. Mehr als sechs Millionen Menschen waren vertrieben worden.

gegangener antifeministischer Anfeindungen von historischer Bedeutung. Ein weltgeschichtliches Novum war er nicht zuletzt darum, weil er die Perspektiven und Lebensrealitäten von Frauen und anderen politischen Minderheiten anerkannte: Mehr als hundert Regelungen bezogen sich auf die Unterbindung geschlechtsspezifischer Diskriminierung. Dazu gehört beispielsweise die Neuverteilung von Land, das in Kolumbien – wie überall auf der Welt – vor allem in männlichem Besitz ist. Außerdem wurde verabschiedet, dass es null Toleranz für sexualisierte und geschlechtsspezifische Gewalt geben darf. Das Friedensabkommen führte zu einer der erfolgreichsten Waffenniederlegungen der Geschichte: Knapp 9000 Waffen wurden abgegeben.

Obwohl andere Regierungen und diverse Organisationen den Prozess stark unterstützten, war es die einheimische feministische Zivilgesellschaft, die die Fortschrittlichkeit des Friedensvertrags sicherstellte. Ihrer Fähigkeit zur Zusammenarbeit, trotz Differenzen und unterschiedlicher Perspektiven auf dieselbe Sachlage, ist der glückliche Ausgang zu verdanken.

Diese besondere und bewusst forcierte Fähigkeit wurde mir wenig später bewusst. Einige Monate nach dem Friedensreferendum erhielt ich eine Einladung meiner Chefin bei *Sisma Mujer* (einer landesweit bekannten Feministin und Menschenrechtsverteidigerin) für ein abendliches Arbeitstreffen in einem schicken Hotel in Bogotá. Vor dem Konferenzraum stand mit Maschinengewehren bewaffnetes Sicherheitspersonal. Ich war überrascht. Mir war die Gefahr, der sich Verteidiger:innen der Menschenrechte im Land aussetzen, noch immer nicht derart klar gewesen. Im Raum befanden sich ausschließlich Frauen: führende Menschenrechtsverteidigerinnen und Frauenrechtlerinnen, unter ihnen Professorinnen, Juristinnen, Leiterinnen von NGOs sowie Vertreterinnen der FARC.

Die Frauen, manche von ihnen eigentlich Erzfeindinnen, hatten sich dort zusammengefunden, um zu besprechen, wie der Friedensvertrag und die darin enthaltenen Zugeständnisse an Frauen und andere gesellschaftlich unterdrückte Gruppen wie LGBTQI*-Personen, Afrokolumbianer:innen oder die indigene Bevölkerung nun praktisch umgesetzt werden könnten. »Auch wenn wir uns nicht in allen Dingen einig sind, müssen wir hier an einem Strang ziehen«, sagte eine der Feministinnen, mit der ich an jenem Abend an einem Tisch saß. Obwohl sie auf unterschiedlichen Seiten standen, vereinte die Frauen der Wunsch nach einer gleichberechtigteren Gesellschaft, und sie waren bereit, auch die Perspektiven der »anderen« Seite anzunehmen.

Peacebuilding ist kein Fußball-Match, bei dem es um Sieg auf der einen und Niederlage auf der anderen Seite geht. Peacebuilder:innen stellen sich gegen all jene, die Gewalt – ob in Taten oder in der Sprache – als praktikables Mittel der Konfliktbewältigung wähnen. Wer Peacebuilding-Arbeit macht, wird schnell von beiden oder gar allen Seiten angegriffen und sitzt zwischen den Stühlen, eben weil man sich nicht vereinnahmen lässt und zusätzlich versucht, Brücken zu bauen. Das kann sehr schmerzhaft sein und gleichzeitig auch ein Zeichen dafür, dass man die eigene Unabhängigkeit und Integrität gegenüber den Kernprinzipien des Peacebuildings bewahrt.

Peacebuilding bedingt ein immenses Maß an Verantwortung. Gleichzeitig bietet es ebenjene Angriffsflächen zu allen Seiten, wenn – wie ich es aus eigener Erfahrung kenne – jede Seite versucht, mich zu delegitimieren, zu verunglimpfen oder zu vereinnahmen. In solchen Situationen nicht aufzuhören, die Menschlichkeit aller zu suchen, ist die vielleicht größte Herausforderung als vermittelnde Instanz. »Alles, was wir als Peacebuilder:innen haben, ist unsere Integrität«, sagt Sanam. Und sie fügt Solidarität mit anderen, die sich ebenfalls der Peacebuilding-Philosophie verschrieben haben, hinzu.

Sanam hat Frauen getroffen, die ihre Kinder durch Krieg, Schusswaffengewalt und Terrorismus verloren haben. Sie sagt: »Wenn ich sehe, wie sie diesen unvorstellbaren Schmerz durchleben und sich sagen: ›Das ist mir passiert, aber ich will nicht, dass es jemand anderem passiert‹, dann ist dieses Mitgefühl und diese Empathie mit nichts anderem als Demut anzuerkennen.« Und sie fährt fort: »Es gibt Menschen auf der Welt, die alles verlieren. Sie haben die Wahl, sich dadurch zu verwandeln, ihr Leben auf positive oder negative Weise zu verändern. Und es gibt jene, die ihren Schmerz und ihre Traumata in positive Handlungen umwandeln und damit einen außergewöhnlichen Beitrag leisten. Ich wünschte, alle Menschen würden das verstehen.«

Die Arbeit, die Menschen wie Sanam international leisten, kann sehr einfach und direkt in Prinzipien für unseren Alltag übersetzt werden und uns helfen, empathisch zu sein. Peacebuilder:innen konstruieren, gestalten und bauen Brücken, anstatt sie einzureißen. Sie bemühen sich, selbst in den vertracktesten und scheinbar ausweglosesten Situationen Gemeinsamkeiten zu finden, um Konflikte zu beenden, Frieden zu schaffen und Menschenleben zu retten. Ihr Ziel ist es, in Situationen mit scheinbar unüberwindbaren Differenzen einen Konsens zu erreichen.

Wenn selbst verfeindete Kriegsparteien hierzu in der Lage sind, dann muss es auch für einzelne Menschen möglich sein – mindestens für die, die sich derselben oder einer ähnlichen politischen Grundhaltung zugehörig fühlen. Gerade linkspolitische oder feministische* Akteur:innen definieren sich jedoch stark über das Dagegensein – sei es gegen das System, das Patriarchat oder den Kapitalismus –, und sie zeigen mitunter einen besonders ausgeprägten reflexhaften Widerstand gegenüber den eigenen Mitstreiter:innen. Diese Haltung schwächt linke Bewegungen und spielt rechten und rechtsextremen Gruppierungen in die Hände. Susan Neiman beschreibt in ihrem Buch, wie das Fehlen oder mindestens Bröckeln einer Einheitsfront gegen die Nazis in den 1930er-Jahren zu deren Aufstieg beitrug. In unserer durch die globale Zunahme rechtsextremer und antidemokratischer Tendenzen geprägten Gegenwart können wir uns ähnliche Fehler nicht leisten.[25] Wenn es also Konflikt- und Kriegsparteien gelingt, Gemeinsamkeiten zu finden, dann sollten wir dies auch innerhalb eines demokratischen Diskurses und zwischen linken Bewegungen schaffen können. Die britische Abgeordnete Jo Cox, die im Sommer 2016 während ihrer politischen Arbeit im Kontext des Brexits von einem rechtsextremen Täter kaltblütig ermordet wurde, sagte einmal: »We have more in common than that which divides us.« – Wir haben mehr Gemeinsamkeiten als das, was uns trennt. Dieses Credo kennzeichnet die Grundüberzeugung aller Peacebuilder:innen und Friedenschaffenden.

Letztendlich basiert Peacebuilding auf einfachen Prinzipien. Der Fokus auf »Ja, und« anstelle des begrenzenden

---

* Für mich ist Feminismus ein Sammelbegriff für Theorien und Bewegungen, die politische Organisierung und Aktivismus fordern und antreiben. Er ist ein Werkzeug zur Analyse und hinterfragt bestehende Machthierarchien. Er artikuliert Utopien und Visionen für eine gleichberechtigte und gerechte Gesellschaft, in der alle Menschen frei von Unterdrückung, Marginalisierung und Ausgrenzung leben. Nach meinem Verständnis kann Feminismus daher nicht rechtsgerichtet sein.

»Ja, aber« ist eines davon. Indem wir positive Perspektiven annehmen, fördern wir Zusammenarbeit und Offenheit anstelle von Einschränkungen. Diese Haltung schafft einen Raum, in dem Ideen gedeihen und weiterentwickelt werden können. Dabei geht es nicht darum, Kritik zu delegitimieren. Konstruktive Kritik ist eine wichtige Voraussetzung dafür, dass wir unsere Haltungen oder Ideen in eine positive Richtung weiterentwickeln können.

Ein weiterer Aspekt betrifft den Aufbau von Vertrauen. Grundpfeiler von Vertrauen sind Loyalität, Zuverlässigkeit und Beständigkeit. Ähnlich einem Baum benötigt Vertrauen viel Zeit, um zu wachsen, kann jedoch unverhältnismäßig schnell zerstört werden. Respektlosigkeiten können Türen verschließen, die Entschuldigungen nicht wieder öffnen können. Vertrauen ist der Schlüssel zu effektiver Friedensarbeit und zu jeglicher erfolgreicher politischer Tätigkeit.

Peacebuilding erfordert des Weiteren, die eigene Position immer wieder infrage zu stellen. Wenn wir unwillig sind, uns einzugestehen, womöglich Teil des Problems zu sein, dann können wir auch niemals Teil der Lösung werden. Aufrichtiges Zuhören ist nötig, nicht nur um zu antworten, sondern um zu verstehen. Es bedeutet Fragen statt Anklagen.

Ein Beispiel: Ende Oktober 2023 erreichte die Erregung in den sozialen Medien weltweit einen beunruhigenden Höhepunkt. Nur wenige Wochen nach dem brutalen Angriff der Hamas auf Israel und dem darauffolgenden Beginn der zerstörerischen israelischen Militäroperation war die politische Onlinewelt in zwei Lager gespalten: Israel oder Palästina. Viele positionierten sich entweder für die eine oder für die andere Seite. Nebenschauplätze entstanden rund um den Globus. Allianzen und Freundschaften zerbrachen – Tausende Kilometer entfernt vom Kriegsschauplatz.

Viel Vertrauen und Zusammenarbeit innerhalb von Bewegungen oder Organisationen und zwischen Akteur:innen, über viele Jahre hinweg aufgebaut, wurde durch Anschuldigungen und gegenseitige Vorwürfe zerstört – auch innerhalb der progressiven feministischen Community in Berlin. Jeder Versuch, beispielsweise auf Instagram, Empathie und Mitgefühl für Juden, Jüdinnen oder Israelis zum Ausdruck zu bringen, wurde mit vehementen Angriffen quittiert und kulminierte in dem Vorwurf, man würde die Palästinenser:innen im Stich lassen – und das ist noch eine diplomatische Umschreibung. Gleichzeitig lösten Insta-Beiträge, die Empathie und Mitgefühl für Palästinenser:innen zeigten, genau das Gegenteil aus: Den Verfasser:innen wurde vorgeworfen, sie würden Juden und Jüdinnen im Stich lassen. Es war eine unerträgliche Zeit in den sozialen Medien.

Ich fragte mich zunehmend, wie es möglich sein soll, einen so komplexen Konfliktfall nachhaltig zu lösen, wenn wir uns selbst hier in Deutschland, fernab des Kriegsschauplatzes, gefühlt die Köpfe einschlagen. Ich veröffentlichte damals folgende Zeilen auf Instagram:

> *Ich bin »überrascht« darüber, wie wir, Teile einer gewissen Blase, miteinander sprechen. Anschuldigungen und Annahmen machen, anstatt Fragen zu stellen. Es erstaunt mich, wie schnell Menschen dazu neigen, zu urteilen. Ohne die Realität des anderen zu kennen, wird geurteilt, beschuldigt und gewaltvolle Direktnachrichten werden versendet. […]*
>
> *Fordern und Anklagen anstelle von Fragen. Nicht bereit sein, über die eigene Realität hinauszublicken. […]*

Konstruktive Rückmeldungen, Kritik und Fragen sind großartig. Aber können wir bitte darüber sprechen, wie wir miteinander sprechen?

Wie sollen wir dauerhaften Frieden im globalen Maßstab schaffen, wenn wir nicht zuhören, respektvoll kommunizieren und auf kleiner Ebene deeskalieren?

Ich spreche nicht über das »Was« (den Inhalt), sondern das »Wie«, wie wir miteinander kommunizieren. Können wir bitte respektvoll miteinander sprechen?

Jemand hat kürzlich gesagt: »Wenn unsere eigene Gemeinschaft nicht sieht, wie sie Teil des Problems ist, kann sie nicht Teil der Lösung sein.«

Natürlich können wir so weitermachen, uns auf diese Weise zu behandeln, aber dann wird nicht viel übrig bleiben als die (weit) Rechten, die sich freuen werden.[26]

Etliche Monate nachdem ich diese Zeilen schrieb, lese ich einen Text von Lena Gorelik, Miryam Schellbach und Mirjam Zadoff, der meine Worte in ihrem wichtigen Sammelband *Trotzdem sprechen* widerspiegelt: »Diese Stellvertreterdebatten erreichen eine bisher unbekannte Note der Endgültigkeit, die den zwingend notwendig schmerzvollen Versuch unmöglich macht, ungeachtet der Meinungsverschiedenheiten am Gespräch festzuhalten: an einem Gespräch, das Zuhören beinhaltet, den Wunsch zu verstehen oder doch zumindest eine Bereitschaft, die andere Position auszuhalten.«[27] Der oft ausgesprochene Wunsch nach weltweitem, nachhaltigem Frieden wird nur dann Realität, wenn wir auch im Privaten, in unserer Interaktion und Kommunikation mit anderen, Prinzipien des Peacebuildings anwenden. Diese Prinzipien legen nicht fest, *wofür* wir einstehen, sondern *wie* wir den Weg beschreiten.

Widerstand

Mein Bücherregal ist das Herzstück meiner Wohnung. Es erstreckt sich vom Boden bis zur Decke über acht Regelebenen, ist reich gefüllt und nach Lieblingsbüchern, Prachtexemplaren und Meister:innenwerken farblich sortiert.

Besonders zahlreich vertreten sind Bücher zum Thema Widerstand und insbesondere über widerständige Frauen: von den aufständischen und mutigen Frauen im Iran über die vier *Schwestern Mirabal,* die sich als Widerstandskämpferinnen gegen den Diktator der Dominikanischen Republik, Rafael Trujillo, erhoben, bis hin zur *Anleitung für eine Revolution* der Pussy-Riots-Künstlerin Nadya Tolokonnikova. Die Bücher erzählen außerdem die Geschichte des lateinamerikanischen Feminismus und besonders der argentinischen Feministinnen, die gegen die Kirche und das Patriarchat kämpfen. Sie berichten von den Rebellionen deutscher Feministinnen und Pazifistinnen rund um Anita Augspurg und Lida Gustava Heymann gegen Militarisierung und Staat. Das Regal beherbergt die Geschichte der Frauen in Belarus, die sich zusammen mit Svetlana Tichanowskaja gegen den Diktator Alexander Lukaschenko erhoben haben. Die Sammlung umfasst die Autobiografie *How to Stand Up to a Dictator* der Friedensnobelpreisträgerin Maria Ressa sowie Bücher über afghanische Frauen, die sich den Taliban entgegenstellen. Ein Buch handelt vom Kampf der liberischen Friedensnobelpreisträgerin Leymah Gbowee für Frieden in ihrem Land. Die Werke von

Gloria Steinem, Frida Kahlo, Hannah Arendt, Simone de Beauvoir, Maya Angelou, Margaret Atwood, Toni Morrison, den Guerilla Girls und vielen anderen widerständigen und widerspenstigen Frauen finden in den heiligen Hallen meiner heimischen Bibliothek ihren festen Platz.

Meine Büchersammlung erinnert mich täglich an die Bedeutung von Protest und Widerstand. Martin Luther King schrieb in seinem berühmten Brief aus dem Gefängnis in Birmingham: »Die Menschheitsgeschichte ist die lange und tragische Geschichte der Tatsache, dass Privilegierte ihre Privilegien selten freiwillig aufgeben.«[28] Genau deshalb sind Protest und Widerstand für eine gerechtere und gewaltfreie Gesellschaft so wichtig.

Doch insbesondere Frauen, die aufbegehren und Widerstand leisten, sind in der patriarchalen Erzählung unserer Gesellschaft nicht vorgesehen. Auf Instagram schreibt die Journalistin und Politologin Antje Schrupp: »Die ›Klageweiber‹ haben die Funktion, sich um die unerträgliche Trauer und das Mitgefühl für die Opfer zu kümmern unter Absehung politischer Differenzen, während die ›Kriegsmänner‹ durch diese Abspaltung beziehungsweise Auslagerung dazu befähigt werden, ihr gewaltvolles Geschäft ohne Empathie und Mitgefühl abwickeln zu können.«[29] Dabei, so fügt Schrupp hinzu, müsse anhand der geschlechtlichen Arbeitsteilung doch klar werden, dass nicht die Frauen den »guten« und die Männer den »bösen« Part haben. Vielmehr stabilisieren sich beide gegenseitig, und die »unpolitischen« trauernden Frauen werden zu einem tragenden Bestandteil des gesamten Konzepts.

Was Schrupp beschreibt, entspricht den typischen Rollenzuweisungen von Männern und Frauen in patriarchalen Gesellschaften, indem zwischen männlicher Gewaltausübung und weiblicher Fürsorge, inklusive Mitgefühl für die

Opfer, unterschieden wird. Die traditionellen Geschlechterrollen übertragen Frauen die Verantwortung für Empathie und Männern die Verantwortung für Widerstand, was oft mit gewaltvollem Handeln in Verbindung gebracht wird. Zwei Beispiele bestätigen das: Ein Foto in der Gedenkstätte Deutscher Widerstand in Berlin zeigt fast ausnahmslos Männer. Dasselbe gilt für Bücher zum Thema Widerstand: Auch hier sind Frauen als Autorinnen und Protagonistinnen eine Seltenheit. Mein Bücherregal ist in diesem Punkt beileibe nicht repräsentativ. Es zeigt aber, wie wichtig diese Widerständigkeit im Kleinen und Großen für die feministische Bewegung und auch meine persönliche Haltung ist und dass Widerstand auch gewaltlos geleistet werden kann.

Dass Frauen nicht mit Gewalt in Verbindung gebracht werden, zeigt sich auch in den Kriminalstatistiken: Denn Männer begehen zehnmal häufiger Gewaltverbrechen (in allen Ländern). Der US-amerikanische Psychologe David P. Barash bringt es auf den Punkt: »Die überwältigende Männlichkeit der Gewalt ist in jeder menschlichen Gesellschaft so allgegenwärtig, dass sie typischerweise nicht einmal als solche erkannt wird; es ist der Ozean, in dem wir schwimmen.«[30] Es stimmt, dass Männer weltweit fast alle Gewalttaten verüben. Doch das bedeutet nicht, dass Frauen nur empathisch und mitfühlend sind und nicht auch kraftvoll aufbegehren können. Denn setzt man statt auf das Entweder-oder von Empathie versus Widerstand auf ein gleichzeitiges Miteinander, entsteht eine perfekte Paarung, um wirklich nachhaltigen positiven Wandel – ob sozial, kulturell oder politisch – zu erreichen.

Natürlich können auch Frauen Widerstand leisten. Das beste Beispiel hierfür ist die feministische Bewegung. Seit mehr als 200 Jahren leistet sie Widerstand – Widerstand gegen die patriarchale Weltordnung, die trotz aller Fortschritte im Kleinen noch immer (und ungerechtfertigterweise) Männer an die Spitze von Staaten, Institutionen und Familien setzt. Männer schalten und walten im Öffentlichen, während Frauen und andere marginalisierte Gruppen ins Private abgedrängt werden.

Ein Ausbruch aus dem Privaten wird mit (häufig sehr subtilen) Formen von Gewalt sanktioniert, wie zum Beispiel die Repressionen gegen die britischen Suffragetten für ihren Kampf um das Frauenwahlrecht oder die weit verbreitete digitale Gewalt gegenüber Frauen, wenn sie sich öffentlich für Feminismus und Gleichberechtigung einsetzen – zumindest wird oft eine Rechtfertigung verlangt.

Wenn Frauen hier und anderswo in den Widerstand gehen, dann geht das in in der Mehrheit der Fälle ohne Gewalt. Feminist:innen haben über die Jahrzehnte und Jahrhunderte hinweg fast vollständig auf starke Formen der physischen Gewalt verzichtet, um eine gerechte Gesellschaft für uns alle zu erreichen.* Wenn Frauen gewalttätig werden, haben sie oft andere Gründe als Männer. Elizabeth Flock, die in ihrem Buch *The Furies – Three Women and Their Violent Fight for Justice* drei Frauen porträtiert, die gewaltsamen Widerstand leisteten, zitiert die Autorin Nimmi Gowrinathan und deren Buch *Radicalizing Her – Why*

---

* Auch Feminist:innen agieren nicht per se friedlich und gewaltfrei, wenngleich Pazifismus eine wichtige Säule des Feminismus ist. Wenn ich schreibe, dass Feminist:innen überwiegend gewaltfrei die Gesellschaft veränder(te)n, dann sage ich das trotz meines Wissens beispielsweise um die teilweise gewaltvollen Methoden der Suffragetten-Bewegung oder aus meiner eigenen Erfahrung, dass manche selbst ernannte Feminist:in in ihrer Sprache gewaltvoll sein kann. Nichtsdestotrotz: Dass es Feminist:innen über die letzten zwei bis drei Jahrhunderte gelang, unsere Gesellschaft gewaltfrei zu verändern, verdient die höchste Anerkennung.

Women Choose Violence: Wenn eine Frau zur Waffe greift, dann, weil sie selbst die Zielscheibe ist.[31]

Eine Gesellschaft, die patriarchale und damit gewaltvolle Strukturen überwinden möchte, muss die binäre Denkweise von »Mann bedeutet Widerstand« und »Frau bedeutet Empathie« überwinden. Feministisches Handeln bedeutet in diesem Sinne, sich politisch zu engagieren, Machtverhältnisse zu analysieren und infrage zu stellen, sich aber zugleich die Fähigkeit zu Empathie und Mitgefühl zu bewahren. Wir müssen in der Lage sein, menschliches Leid zu fühlen, auch wenn es nicht unser eigenes oder das unserer In-Group ist, und gleichzeitig Widerstand gegenüber den Strukturen leisten, die dieses Leid verursachen.

Ich möchte Frauen dazu ermuntern, aus der Ohnmacht und Unsichtbarkeit auszubrechen, in der das Patriarchat uns historisch gefangen hielt und immer noch zu halten versucht, und stattdessen die Gesellschaft konstruktiv mitzugestalten. Genauso eröffnen sich durch das Aufbrechen patriarchaler Logiken für Männer viele neue Handlungsmöglichkeiten und Lebensmodelle: So können Empathie und Fürsorge das Leben bereichern und als Instrumente zur Gestaltung der Gesellschaft verstanden und integriert werden.

Sisterhood

Von Frauen ausgehender Widerstand hat viele Formen. Eine davon ist *Sisterhood. Sisterhood* umfasst Solidarität, Freundschaft, Loyalität und gegenseitige Unterstützung unter Frauen und gründet oft auf gemeinsamen Erfahrungen, Werten oder Zielen. Sisters müssen nicht verwandt miteinander sein, sondern können Freundinnen, Weggefährtinnen oder Mitstreiterinnen sein. Die Schwesternschaft betont die Nähe, Fürsorge und das Einstehen füreinander. Sie sind Schwestern im Geiste für die gute Sache.

Sisterhood ist insbesondere in Gesellschaften, in denen nationale Identitäten auf »Fraternité«, also Brüderlichkeit, aufbauen, von großer Bedeutung.* Wo das Männliche und die Brüderlichkeit als Standard gelten, ist *Sisterhood* der Versuch, die herrschenden patriarchalen Strukturen durch die Stärkung der Verbundenheit unter Frauen zu durchbrechen. Somit ist *Sisterhood* Fürsorge und Widerstand zugleich.

Über Jahrhunderte hinweg wurden Mädchen und Frauen dazu erzogen, andere Frauen als Konkurrentinnen zu betrachten – sei es mit Blick auf ihr Aussehen oder im Wettbewerb um männliche Aufmerksamkeit, mit der fortschreitenden Gleichstellung auch im Beruf. ›Bitch Fights‹ und ›Zickenkriege‹ waren fester Bestandteil der Popkultur während meiner Kindheit und Jugend in den 1990er- und 2000er-Jahren. Dieses Bild von Mädchen und Frauen, die sich gegenseitig verachten, wurde in vielen erfolgreichen Teenie-Filmen und -Serien wie *American Pie, Mean Girls, Gossip Girl, Clueless* und vielen anderen gezeigt. Vieles hat sich in den letzten Jahren verändert, insbesondere in der Popkultur, in der Stars wie Taylor Swift, Beyoncé, Rihanna und viele andere für *Sisterhood* stehen.** Trotzdem ist internalisierte Misogynie – also das abwertende Verhalten

---

* Wie in Frankreichs Wahlspruch »Liberté, Égalité, Fraternité« oder in Deutschlands Nationalhymne, in der es heißt: »Einigkeit und Recht und Freiheit / für das deutsche Vaterland! / Danach lasst uns alle streben / brüderlich mit Herz und Hand!«

** In den 1990ern gab es für Heranwachsende wie mich ausschließlich die Spice Girls, die als weltweit bekannte erste weibliche Popgruppe Sisterhood praktizierte.

von sowohl Männern als auch Frauen anderen Frauen gegenüber – weit verbreitet.

In Grüppchen wird auf dem Schulhof über andere Mädchen gelästert, und dieses Verhalten setzt sich nicht selten im Hörsaal oder am Arbeitsplatz fort. Dieses Verhalten ist ein Produkt des Patriarchats: Historisch betrachtet konnten Frauen fast ausschließlich durch Männer und die Ehe finanzielle Sicherheit und Freiheiten erlangen, was sie in einen Wettbewerb um Männer zwang. Und in der Folge profitieren Männer in einer patriarchalen Welt von diesem Verhalten: Wenn Frauen einander bekämpfen, statt solidarisch zu handeln, haben diejenigen in Machtpositionen nichts zu befürchten. Es ist ein sich selbst erhaltender Mechanismus des Patriarchats, den wir nur durch feministischen Widerstand wie *Sisterhood* durchbrechen können.

Mein Leben hat sich radikal verändert, als ich anfing, andere Frauen nicht mehr als Konkurrentinnen, sondern als die beeindruckenden Persönlichkeiten zu sehen, die sie sind. Ich bin vielen Frauen begegnet, die mich inspirierten, herausforderten und vor allem: förderten. Denn starke Frauen helfen einander nach oben. Heute kann ich mich über das Privileg sehr glücklich schätzen, ein nahes und erweitertes Umfeld voller Frauen um mich zu wissen, die in den unterschiedlichsten Bereichen die Gesellschaft ändern und gestalten und sich dabei nach Kräften unterstützen.

Diese beflügelnde Erfahrung echter, gelebter *Sisterhood* konnte ich erstmals 2014 machen. Ich studierte damals in Oxford und lernte bei einer Buchpräsentation Scilla Elworthy kennen. Scilla war da bereits unglaubliche drei Mal für den Friedensnobelpreis nominiert. Sie ist Gründerin mehrerer Organisationen, die zur nuklearen Abrüstung, zum lokalen Friedensaufbau und zu Frauenrechten arbeiten.

Ich begann damals, neben dem Studium für sie zu arbeiten. Noch heute sind wir befreundet, sehen uns regelmäßig, und sie ist weiterhin eine Mentorin für mich. Scilla war damals Anfang 70 und setzte sich bereits seit Jahrzehnten für andere Menschen ein. Sie hat ein beeindruckendes Netzwerk an Frauen aufgebaut, die unsere Welt zum Besseren verändern.

Vor ungefähr zehn Jahren sagte Scilla etwas zu mir, was mich stark beeinflusst und viel für mich verändert hat: »Die Kriege und die Ungerechtigkeit in unserer Gesellschaft stammen *auch* daher, dass wir Frauen seit Jahrhunderten als Konkurrentinnen erziehen. Wirklich tiefgründige Veränderungen werden wir erst dann sehen, wenn etwas wirklich Außergewöhnliches geschieht: Wenn Frauen anfangen, sich gegenseitig zu unterstützen und miteinander zu arbeiten.« Heute, etliche Jahre später, ist lebendige und gelebte *Sisterhood* mit vielen tollen Frauen für mich Realität geworden. Dafür bin ich unglaublich dankbar.

Wenn Frauen und Feministinnen von unterschiedlichsten Akteur:innen öffentlich diffamiert werden, hilft *Sisterhood* mit ihrer ganz besonderen Form des Vertrauens, der Solidarität und Loyalität. Aber sie ist auch nützlich, wenn wir Feministinnen in den Kampfmodus gehen und Widerstand leisten. So wie Anfang 2024. Der deutsche Justizminister Marco Buschmann (FDP) und die deutsche Regierung blockierten auf EU-Ebene die Vereinheitlichung des Vergewaltigungsstraftatbestands innerhalb der Frauenrechtsrichtlinie,* was mich sehr wütend machte. Jedes Jahr

* Diese Richtlinie ist das erste umfassende Rechtsinstrument auf EU-Ebene zur Bekämpfung von Gewalt gegen Frauen und häuslicher Gewalt.

werden Schätzungen zufolge um die 1,5 Millionen Frauen in der EU vergewaltigt. Kaum eine von ihnen wird jemals Gerechtigkeit erfahren und den Täter hinter Gittern sehen. In 14 EU-Staaten muss das Opfer beispielsweise weiterhin beweisen, dass es sich körperlich gegen die Gewalt seines Peinigers gewehrt hat. Es gilt kein »Ja heißt Ja« oder »Nein heißt Nein«. Auch in Deutschland wird nur etwa ein Prozent aller Vergewaltiger verurteilt.

Ich wollte die Blockade des Justizministers und der Regierung nicht einfach hinnehmen. Mit Unterstützung des deutschen Juristinnenbunds* formulierte ich einen offenen Brief und konzipierte eine Kampagne, die von mehr als 150 prominenten Frauen aus Politik, Kultur und Wirtschaft befürwortet und unterstützt wurde. Das alles hätte ich niemals alleine geschafft. Die größte Herausforderung bestand darin, dass alles sehr schnell gehen musste. Die juristischen Argumente, der Social-Media-Auftritt, die Pressearbeit sowie die inhaltliche Vorbereitung – alles musste innerhalb weniger Tage auf die Beine gestellt werden.

Die Umsetzung war nur dank der bereits bestehenden *Sisterhood* möglich geworden. Ich fragte Luisa Neubauer und Düzen Tekkal, ob sie mit mir zusammen Erstunterzeichnerinnen sein würden. Es war klar, dass sie sich dafür öffentlich exponieren müssten. Aber sie vertrauten darauf, dass ich alles professionell vorbereiten und sie, so gut ich kann, vor Angriffen schützen würde. Noch während sich die Kampagne im Aufbau befand, erhielt ich ihre Zusagen.

Janina Hell, eine der beiden Gründerinnen des feministischen Netzwerks FRAUEN100, ist schon seit Längerem eine *Sister*. In dem Moment, als es darauf ankam, war auf

---

* Allen voran engagierten sich Dilken Çelebi und Céline Feldmann.

ihren Support Verlass: Sie ermöglichte uns den Zugang zu ihrem persönlichen Netzwerk an berühmten Frauen. Für die notwendige Öffentlichkeitswirksamkeit, die das Projekt brauchte, war das unerlässlich. Dank ihr konnten wir einige für die Unterzeichnung des offenen Briefs gewinnen: Carolin Emcke, Collien Ulmen-Fernandes, Frauke Ludowig, Gizem Emre, Mareile Höppner, Maria Furtwängler, Regina Halmich, Sara Nuru, Tara-Louise Wittwer und über hundert weitere – es war eine beachtliche Diversität an Frauen des öffentlichen Lebens. Alle großen Medien berichteten über unsere Forderungen,[32] in vielen Interviews legten wir unsere Argumente und Forderungen dar. Das ist wahre *Sisterhood.*

Widerstand für mehr Gerechtigkeit und für wichtige gesellschaftliche und politische Veränderungen funktioniert dann, wenn diejenigen, die gemeinsame Ziele haben, sich Vertrauen und Solidarität entgegenbringen. Obwohl der deutsche Justizminister seine blockierende Haltung gegenüber der Vereinheitlichung des Vergewaltigungsstraftatbestands auf EU-Ebene beibehielt, konnten wir erreichen, dass er zusagte, die Gesetzgebung zu diesem Thema auf nationaler Ebene neu zu prüfen.* Darüber hinaus war es das erste Mal, dass wir einen derart erfolgreichen, öffentlichkeitswirksamen gemeinsamen Protest von prominenten Frauen organisierten, der im Laufe der folgenden Monate immer wieder relevant wurde, insbesondere in Bezug auf die Forderung nach Dekriminalisierung von Abtreibungen** in Deutschland. Das Beispiel zeigt: Wenn Frauen

---

* Von »Nein heißt Nein« hin zu »Ja heißt Ja«.

** Wie beispielsweise bei diesem offenen Brief zur Abschaffung von Paragraf 218 StGB: https://centreforfeministforeignpolicy.org/2024/04/14/entkriminalisieren-von-schwangerschaftsabbruechen/.

zusammenhalten, können sie Großes erreichen. »Wir sind Vulkane«, sagte einst die US-amerikanische Autorin Ursula K. Le Guin. »Wenn wir Frauen unsere Erfahrungen als unsere Wahrheit teilen, als menschliche Wahrheit, dann ändern sich alle Landkarten. Neue Berge entstehen.«[33] Genau das habe ich an dem Tag unseres Widerstands gespürt.

Dekonstruieren ist wichtig, Konstruieren noch besser

Wer etwas zum Besseren verändern möchte, sollte verstehen, wo sie oder er selbst steht und wie andere auf die Welt blicken. Mag heißen: Die eigene Realität ist sehr wahrscheinlich nicht deckungsgleich mit der Realität anderer. Die mexikanische Ausnahmekünstlerin Frida Kahlo hat einmal gesagt: »Sie hielten mich für einen Surrealisten, aber das war ich nicht. Ich habe nie Träume gemalt. Ich male meine eigene Realität.«[34] Eine Gegebenheit kann unterschiedlich interpretiert werden, und die Interpretationen können je nach Kontext und Perspektive variieren.

Im Internet bin ich auf folgendes Alltagsbeispiel gestoßen, das unterschiedliche Perspektiven am selbem Vorgang illustriert und die jeweiligen Expertisen und Biases abbildet. Jemand erntet um Mitternacht im Vollmond Kräuter und verarbeitet sie zu einer Salbe, die als besonders wirksam und heilend verkauft wird. Je nach Expertise und Weltbild bewerten die Menschen diesen Sachverhalt ganz unterschiedlich: Naturwissenschaftler:innen würden dies als »Humbug« bezeichnen. Unternehmer:innen und Marketingspezialist:innen sehen darin ein gutes Geschäftsmodell für leichtgläubige Kundschaft. Ärzt:innen und Psycholog:innen betrachten das Produkt womöglich als sinnvoll, da es die Selbstheilungskräfte aktivieren und stärken könnte. Künstler:innen finden es hingegen unterhaltsam und interessant und würden sich vielleicht sogar in den Vollmondnächten der Ernte anschließen, in der Hoffnung auf Inspiration. All diese unterschiedlichen Menschen interpretieren und werten, *dekonstruieren* den Vorgang also aus verschiedenen Perspektiven mit unterschiedlichen Schwerpunkten.

Die Geistes- und Sozialwissenschaften zeichnen sich besonders dadurch aus, dass sie das Handwerkszeug des »Dekonstruierens« vermitteln. Dabei werden Sachlagen, Gegebenheiten, Systeme, Strukturen und Institutionen theoretisch in ihre Einzelteile zerlegt. In intersektional*-feministischen Kreisen bildet dieses Vorgehen die Arbeitsgrundlage, um eine gerechtere Gesellschaft aufzubauen.

Wenn wir das Patriarchat und seine Auswirkungen dekonstruieren, gelingt es uns, oft unhinterfragte Prinzipien als nicht naturgegebene Normen zu verstehen, die tatsächlich konstruiert wurden. Schauen wir uns das einmal am Beispiel der Ehe an. Die Dekonstruktion zeigt auf, dass die Ehe als Institution geschaffen wurde, um Frauen zu

---

* Intersektionalität ist ein Konzept (nach Kimberlé Crenshaw) aus den Sozialwissenschaften, das darauf abzielt, die wechselseitigen Einflüsse verschiedener sozialer Identitäten und Strukturen zu verstehen. Das Konzept beschreibt, wie unterschiedliche Formen von Diskriminierung basierend auf Kategorien wie *Gender, Race,* Klasse, sexuelle Orientierung, Religion, Behinderung und anderen zusammenkommen (wie an einer Kreuzung – im Englischen *Intersection*). Diskriminierungserfahrungen überlappen sich, und aus diesen Überschneidungen ergeben sich neue Formen und Qualitäten der Diskriminierung. Das Konzept dient dazu, ein tieferes Verständnis für die Vielfalt der Erfahrungen und Herausforderungen von Menschen in verschiedenen sozialen Kontexten zu schaffen und darauf aufbauend Diskriminierung und Ungerechtigkeit abzubauen.

kontrollieren und zu besitzen, und dass die Rollenbilder des »versorgenden Mannes« und der »sich kümmernden Frau« dazu dienen, männliche Vormachtstellungen in Staat und Familie aufrechtzuerhalten. Durchs Dekonstruieren wird deutlich, warum Frauen den Großteil der unbezahlten Sorgearbeit leisten müssen und dass dadurch ihr Zugang zu Karrieremöglichkeiten, politischem Einfluss, Einkommens- und Vermögensaufbau verwehrt oder beeinträchtigt wird.

Wenn wir den Klassismus dekonstruieren – also Diskriminierung aufgrund der sozialen Herkunft –, verstehen wir, warum sozialer Aufstieg in Deutschland kaum möglich ist und wie das mehrgliedrige Bildungssystem den Klassismus unterstützt und fortschreibt.

◆◆◆

Inmitten des Schreibprozesses dieses Buches bin ich eines Abends der Einladung einer Ministerin zu einem kleinen besonderen Treffen von Frauen gefolgt. Sie engagieren sich allesamt in führenden Positionen der Gesellschaft und verfolgen einen feministischen und menschenrechtlichen Ansatz. Es war eine ermutigende und inspirierende Zusammenkunft.

Eine der Anwesenden war eine Sozialwissenschaftlerin, die an einer Universität lehrt und auf Migrationsforschung spezialisiert ist. Als Gruppe diskutierten wir darüber, wie wir solidarischer werden können und wie wir einen positiven gesellschaftlichen Wandel vorantreiben können. Die Sozialwissenschaftlerin sagte, ihr Fach sei allmählich zu dem Verständnis gelangt, dass es zwar wichtig und richtig war, den Studierenden das Dekonstruieren beizubringen, um ihre kritischen Analysefähigkeiten zu schärfen. Gleichzeitig sei es jedoch versäumt worden, ihnen im gleichen Maße das Handwerkszeug des Konstruierens zu vermitteln. Viele Studierende seien sehr gut darin, Dinge zu analysieren, zu interpretieren, zu bewerten und zu dekonstruieren. Genau das versuche auch ich mit meiner Arbeit. In meinem Buch *Die Zukunft der Außenpolitik ist feministisch* dekonstruiere ich verschiedene Aspekte: das »richtige« Wissen, die Realität, den Nationalstaat, eine bestimmte Lehre der internationalen Beziehungen, Militär und Militarisierung, nukleare Abschreckungslogiken und vieles mehr.

Doch genau wie die Sozialwissenschaftlerin bin ich überzeugt, dass das Dekonstruieren nur der erste Schritt sein kann, wenn wir auf eine gerechtere Welt hinwirken wollen. Das Konstruieren, das Aufbauen, das Gestalten muss sich anschließen.

Um wirksam zu werden, brauchen wir alle etwas, auf das wir hinarbeiten können, denn wir wollen nicht nur auf einen Scherbenhaufen schauen. »Die Welt wird durch dein Beispiel verändert, nicht durch deine Meinung«,* soll der berühmte brasilianische Schriftsteller Paulo Coelho einmal gesagt haben. Es kann vielleicht nicht jede Person Lösungsvorschläge präsentieren, ein einflussreiches Netzwerk aufbauen oder eine eigene Menschenrechtsorganisation gründen. Aber jede:r kann zumindest konstruktiv kritisieren. Dazu gehört, statt eines »Ja, aber« lieber ein »Ja, und« anzuwenden, wie ich es bei der Entwicklung meiner Kampagne gegen Sexismus in der *BILD*-Zeitung 2014 erlebte. Mein offener Brief an den damaligen *BILD*-Chefredakteur Kai Diekmann führte zu einer Petition mit über 60 000 Unterschriften. Ich leitete ein zehnköpfiges ehren-

---

* Übersetzung der Autorin.

amtliches Team, um unserer Forderung Gehör zu verschaffen. Wäre ich damals in Deutschland gewesen anstatt in Großbritannien, dann weiß ich nicht, ob ich als völlig unerfahrene Aktivistin diese Initiative gestartet und durchgeführt hätte. Aus Deutschland erhielt ich damals nämlich viele »Ja, aber«-Reaktionen: *Ja,* nette Idee, *aber* die Frauen in der *BILD* machen das freiwillig. *Ja,* interessant, *aber* wir haben größere Probleme. *Ja,* cool, *aber* du bist viel zu unerfahren, um gegen die *BILD*-Zeitung vorzugehen.

In Oxford – einem internationalen Umfeld mit vielen Menschen, die gestalten wollen, und eventuell auch der anglosächsischen Kultur geschuldet – habe ich hingegen konstruktiveres Wohlwollen erlebt: *Ja,* super Idee, *und* vielleicht magst du noch mit etablierten Frauenrechtsorganisationen sprechen, um keinen wichtigen Aspekt zu übersehen. *Ja,* toll, *und* du könntest den Petitionstext noch etwas umformulieren, damit er inklusiver wird. *Ja,* stark, *und* es wäre wichtig mitzudenken, dass die *BILD* nicht nur sexistisch, sondern auch rassistisch ist.

Doch wir werden nicht nur von außen angezweifelt und ausgebremst in unserem Tun und unseren Plänen. Sehr oft erhalte ich auf Instagram Nachrichten von jungen Frauen, die schreiben, sie würden sich nicht trauen, zu feministischen Themen Stellung zu beziehen. Sie hätten Angst, es nicht perfekt zu machen und dann aus den eigenen feministischen Reihen Ärger zu bekommen, gemaßregelt oder verunglimpft zu werden. Wenn das der Eindruck ist, den wir, innerhalb derselben Bewegung, anderen vermitteln, dann machen wir etwas grundlegend falsch. Dann leben wir keine *Sisterhood,* sondern dann stehen wir Engagement im Weg. Abgesehen von dem Frustrationspotenzial und den unnötigen Zweifeln bei den Mitstreiterinnen: Wir können uns das permanente »Ja, aber« angesichts der riesigen gesellschaftlichen Herausforderungen nicht leisten. Wir müssen alle Menschen mitnehmen und uns verbünden.

Ich habe den Eindruck, dass sich die Welt grob in zwei Arten von Menschen aufteilt: Menschen mit und Menschen ohne Wohlwollen. Menschen ohne Wohlwollen werden sich immer, egal, wie gut und wichtig eine Idee ist, auf das vermeintliche Haar in der Suppe konzentrieren und sehr wahrscheinlich böse Absichten unterstellen. Dabei ist es doch, um in den Worten des amerikanischen Psychologen Nir Eyal zu sprechen, so: *Kindness is measured by giving the benefit of the doubt.* Es ist für mich schwer begreifbar, wie viel mehr Menschen sich an »nicht perfektem« Feminismus abarbeiten, statt gegen misogyne Systeme vorzugehen.

Beim Nachdenken über produktive Dekonstruktion kam mir der Autor Benjamin von Stuckrad-Barre in den Sinn. Sein 2023 veröffentlichter Roman *Noch wach?* ist ein ernüchternd gutes Beispiel dafür, was passiert, wenn Menschen bei einem destruktiven »Ja, aber« verharren, statt die Möglichkeiten eines konstruktiven »Ja, und« zu sehen. Obwohl das Buch ein Roman ist, der von »Machtstrukturen und Machtmissbrauch, Mut und menschlichen Abgründen«[35] erzählt, war den meisten klar: Es geht hier fiktionalisiert um Mathias Döpfner (den Vorstandsvorsitzenden von Axel Springer), dessen ehemaligen Chefredakteur Julian Reichelt, #metoo und andere maximale Grenzüberschreitungen. Stuckrad-Barre war jahrelang eng mit Mathias Döpfner befreundet und arbeitete auch für dessen Publikationen. Sie waren einander so zugetan, dass der Autor sogar der Taufpate eines der Kinder des Springer-Chefs wurde. Schließlich kam es im Zuge des Machtmissbrauchskandals um Julian Reichelt zum Zerwürfnis.

Das Buch wurde zum Nummer-eins-Bestseller, alle Medien berichteten darüber, Stuckrad-Barre zierte das Cover des *Spiegel*. Doch neben dem Erfolg erntete die Veröffentlichung auch viel Kritik – besonders aus feministischen Kreisen. Auch bekannte feministische Autorinnen und Aktivistinnen beanstandeten, dass nun ausgerechnet ein Mann dafür gefeiert wurde, über den Skandal zu schreiben. Noch dazu derselbe, der so lange eng mit Döpfner vertraut war und viele Jahre von Springer profitiert hatte, unter anderem durch großzügige Vergütung.

Das negative Echo war gnadenlos. Benjamin von Stuckrad-Barre und ich tauschten uns aus, es war mir wichtig, ihn zu unterstützen. Ich wollte zu einer Kritik- und Diskussionskultur beitragen, die ein »Ja, und *zugleich*« aushält und die Fragen stellt, anstatt vorzuverurteilen.

Ja, er hat Aufmerksamkeit bekommen und Geld damit verdient. Und gleichzeitig hat es der Sache genutzt, die Zustände bei der *BILD* offenzulegen und öffentlich zu diskutieren. Ja, es gibt eine strukturelle Ungerechtigkeit in unserer Gesellschaft. Dem Wort eines Mannes wird mehr Bedeutung beigemessen als dem Wort einer Frau. Das mag auch in diesem Fall zutreffen: Relativ sicher sogar wird die Tatsache, dass Stuckrad-Barre ein Mann ist, dazu beigetragen haben, dass ihm mehr zugehört wird als beispielsweise den betroffenen Frauen selbst. Das ist ungerecht und falsch – Stuckrad-Barres Schuld aber ist es nicht.

Die Kritik sollte sich gegen die Strukturen richten und nicht gegen diejenigen, die sich ihnen entgegenstellen. Fordern kann und sollte die Kritik, dass Stuckrad-Barre seine Privilegien nutzt, um mehr Gerechtigkeit zu schaffen. Das hat er mit seinem Buch getan.

Sicherlich hatte und hat der Autor durch männliche Netzwerke Zugangsmöglichkeiten, die einer Frau verwehrt bleiben. Das Widerständige und Konstruktive in seiner

Herangehensweise liegt darin, dass er die ungeschriebenen Regeln des Netzwerks verletzt hatte – schließlich hätte er auch einfach den Mund halten können. Als Bestsellerautor hätte er genauso gut über ein anderes Thema schreiben können.

Ein bedeutender Teil der Kritik erschien mir damals ungerechtfertigt und wenig produktiv. Zum einen trafen viele der oben dargelegten Vorwürfe gegenüber Stuckrad-Barre schlicht nicht zu. Zum anderen war ich besorgt auf einer abstrakteren Ebene: Was, wenn die Kritik bewirken würde, dass Männer das Gefühl vermittelt bekommen, sie sollten sich nicht für eine gerechtere, feministischere Gesellschaft einsetzen, und dass ihr Engagement generell unerwünscht sei? Wenn der Kampf für Gerechtigkeit immer nur von denen geführt wird und geführt werden darf, die selbst von einer Ungerechtigkeit betroffen sind, dann wird es sehr schwierig, einen dauerhaften gesellschaftlichen Wandel durchzusetzen.

Ich habe mich deshalb öffentlich an die Seite des Autors gestellt und betont, dass verschiedene Wahrheiten gleichzeitig gültig sein können. Zudem erklärte ich, dass es angebracht sei, die Frage zu stellen, weshalb sich Stuckrad-Barre erst jetzt, nach so vielen Jahren, gegen Springer stelle, wo der Verlag doch seit jeher für seine Frauenfeindlichkeit bekannt ist. Es sei auch legitim, kritisch anzumerken, dass der Autor lange von seiner Verbindung zu Springer profitiert habe. Es sei selbstverständlich auch wichtig, das ungute Gefühl zu registrieren, wenn wieder einmal ein männlicher Autor finanziell und aufmerksamkeitsökonomisch von einer solchen Geschichte profitiert. Schließlich sei es schon ungerecht genug, dass Männer grundsätzlich monetär erfolgreicher sind als Frauen. All das sind wichtige feministische Analysen und Erkenntnisse.

Doch konstruktive Kritik ist wichtig, um Themen weiterzuentwickeln und neue Bündnisse zu schließen. Wir sollten Menschen Entwicklung zugestehen, anstatt sie ihnen per se abzusprechen. Man darf – und ich finde, in diesem Fall sollte man sogar – betonen, dass es lobenswert und hilfreich ist, dass sich der Autor dazu entschieden hat, seine große Bühne zu nutzen, um gegen Springer vorzugehen und Frauen zu unterstützen, nicht nur durch die Veröffentlichung seines Buchs.

Als Feminist:innen, als Menschen, müssen wir in der Lage sein, diese Ambivalenzen auszuhalten. Ähnlich sollten neue Akteur:innen innerhalb der feministischen Bewegung konstruktiv kritisch, aber dennoch wohlwollend aufgenommen werden. Ich wünsche mir, dass es möglich ist, zu sagen: »Oh, du bist neu. Wir hätten ein paar Fragen, und gleichzeitig freuen wir uns, dass du da bist.« Es ist dieses »Ja, *und*«, das für konstruktiven, empathischen Widerstand steht.

Gegen etwas zu sein ist maßgeblich, um wissen zu können, was man stattdessen zum Besseren verändern möchte. Doch der zweite Schritt muss folgen, damit die Welt auch wirklich eine bessere wird. Für widerständiges Verhalten gilt: Dekonstruieren ist elementar, Konstruieren noch notwendiger. Eine progressive Vision artikulieren und leben, eine Demo gegen rechts organisieren, ein feministisches Netzwerk ins Leben rufen, einen Verein für Teilhabe und Vielfalt gründen, eine zukunftsweisende Abschlussarbeit schreiben – all dies sind Beispiele für den zweiten Schritt, für das Konstruieren. Aber auch konstruktive Kritik, die nicht nur zerlegen und kaputtmachen will, sondern einen Weg in eine gerechtere Zukunft aufzeigt, ist eine Form des Konstruierens. Und damit können wirklich alle direkt loslegen.

Nichtideologisches Handeln

Eine Ideologie ist ein System aus sehr stabilen Überzeugungen, Werten und Prinzipien, das die individuelle Sichtweise auf die Welt, die Gesellschaft, Politik oder die Wirtschaft prägt. Menschen, die ideologisch sind, halten an ihren Ansichten und an eingeübten Narrativen fest und richten ihre Handlungen daran aus. Wir alle haben und brauchen unsere Grundsätze. Doch wenn sich jemand ideologisch verhält, dann ist kein Raum für Bewegung und Debatte. Wer ideologisch denkt und agiert, lässt sich ungern von besseren Argumenten überzeugen, ist kaum bereit, Kompromisse einzugehen, und tendiert dazu, Auseinandersetzungen mit anderen zu beginnen.

Im Umkehrschluss kann man sagen: Wenn wir widerständig für eine gerechtere und gewaltfreiere Gesellschaft eintreten wollen, dann besteht die Kunst gerade darin, nichtideologisch vorzugehen. Andernfalls besteht die Gefahr, dass lediglich die eine Ideologie von einer anderen abgelöst wird.

Wie andere Sozialwissenschaften vermeidet es die Politikwissenschaft, von »der Wahrheit« zu sprechen. Es wird betont, dass wir alle nur einen Ausschnitt der Welt sehen und die Realität immer von einem bestimmten Standpunkt aus betrachten. Davon ausgehend versuchen wir, die Wirklichkeit zu interpretieren. Trotz aller perspektivischer Differenzen sollten wir uns einer von allen akzeptierten Wahrheit zumindest annähern können, mit der mein Gegenüber und ich, meine Peergroup und idealerweise sogar die Welt als globale Gemeinschaft leben können.* Wenn wir uns eine Meinung bilden, sollten wir stets offen dafür

---

* Außer man ist eben ideologisch oder hängt gar Verschwörungstheorien an.

bleiben, dass unsere Schlussfolgerungen nicht unbedingt die besten und richtigen sind, und uns jederzeit von einem überzeugenderen Argument eines Besseren belehren zu lassen.

Der Neurowissenschaftler und Psychiater Philipp Sterzer erklärt in *Die Illusion der Vernunft – Warum wir von unseren Überzeugungen nicht zu überzeugt sein sollten,* dass die eigenen Haltungen oft weniger rational sind, als wir glauben. Unser Gehirn konstruiert Welten, die uns als richtig und vernünftig erscheinen. Jedoch kann unsere Wahrnehmung eine Fantasie sein, die mal mehr, mal weniger mit der realen Welt übereinstimmt. Es ist wichtig, sich von der subjektiven Sicherheit, die Überzeugungen bieten, nicht dazu verleiten zu lassen, diese für die alleinigen Wahrheiten zu halten. Überzeugungen sollten als Hypothesen betrachtet werden, die prinzipiell falsifiziert werden können.

Sobald Menschen nicht mehr offen für diese Falsifizierungen sind, folgt auf Überzeugung ideologische Starre. So entsteht ein – scheinbares – Dilemma: Sterzer zufolge taugen Überzeugungen, die sich nicht durch ein gewisses Maß an Unerschütterlichkeit auszeichnen, zwar nicht viel. Würden sich allerdings alle Menschen unbeirrbar an ihre Leitsätze klammern, dann müsste sich die Menschheit unweigerlich kollektiv für »verrückt« erklären.

Das Dilemma könne nur aufgelöst werden, so Sterzer, wenn wir verstehen lernen, dass das unerschütterliche Festhalten an Überzeugungen für das Zusammenleben mit anderen letztlich kontraproduktiv sei. Erst dann hätten wir die Freiheit, gegen diese Tendenzen anzugehen. Wir können uns aktiv dafür entscheiden, unsere Überzeugungen immer wieder kritisch zu hinterfragen und zu überprüfen.[36]

Wie genau das funktionieren kann, beschreibt die Autorin Mirna Funk in ihrem Buch *Von Juden lernen.*[37] Sie widmet sich darin dem jüdischen Begriff *machloket. Machloket* bedeutet wörtlich übersetzt »Streit«, und der Begriff steht, so Funk, für eine typische Art und Weise der *Streitbarkeit.* Im *Machloket* sieht sie eine Methode zur Erkundung unterschiedlicher Perspektiven, die zur tieferen Untersuchung der Wahrheit genutzt wird. Ihre Interpretation des Begriffs als Geisteshaltung passt sehr gut zu dem, was ich seit Langem in meinen intellektuellen Auseinandersetzungen zu praktizieren versuche; nämlich gleichzeitig mehrere Wahrheiten auszuhalten und bewusst gegensätzlichen Meinungen zur selben Sachlage zu begegnen. Durch dieses innere Abwägen, dieses Hin und Her, versuche ich, einer Idee einer Wahrheit näherzukommen – nur um im nächsten Moment wieder etwas davon abzurücken.

Es gibt nicht *die* Wahrheit. Die Gleichzeitigkeit unterschiedlicher Wahrheiten und das Ertragen dieser unterschiedlichen Wahrheiten erfordert Ambiguitätstoleranz. Ein gelingender intellektueller Streit, bei dem unterschiedliche Positionen aufeinandertreffen, kann dazu beitragen, dass wir uns »der« Wahrheit annähern, weil wir zulassen, von unserer Position abzurücken und zur gegenüberliegenden Position hinübergezogen zu werden – und andersherum. Zwei gegensätzliche Positionen können dabei nebeneinander existieren, beide können etwas »Wahres« oder Richtiges haben, »und die einzige Chance auf Wahrheit ist, sich in einer ständigen und niemals endenden Bewegung zwischen diesen beiden Polen zu bewegen und durch diese ständige Bewegung der Wahrheit so nahe wie möglich zu kommen«.[38]

Ein guter, produktiver Streit ist wie ein Tanz, bei dem die Partner:innen gleichberechtigt und beide offen dafür sind, zu führen und geführt zu werden – so schweift man gemeinsam über das Parkett, von links nach rechts, von vorne nach hinten und andersherum. Im Austausch und Sich-aufeinander-Einlassen ergibt sich die beste Position. »Jeder, der behauptet, er habe die Wahrheit für sich gepachtet, jeder, der glaubt, er habe die Welt verstanden, ja jeder, der behauptet, man müsse ihm oder ihr folgen, weil sie der Gral der Weisheit und Wahrheit sind, sollte dringend gemieden werden«[39], schreibt Funk.

Das Gleiche gelte für den inneren *machloket*. Funk zufolge kommen wir der Wahrheit nur dann näher, wenn wir zwei gegensätzliche Positionen in uns vereinen könnten, ohne innerlich zu zerreißen. Dieses Aushalten gegensätzlicher Positionen führe zu einem wirklich befruchtenden Dialog zwischen zwei Gesprächspartner:innen oder den (mindestens) zwei Stimmen in einem selbst, und es vereitle ideologisches Denken.

Vor Letzterem warnt Funk: Dies sei »ein Denken, mit dem wir es insbesondere in der westlichen Welt aktuell verstärkt zu tun haben. Viele Menschen sind vollkommen unfähig, mehr als die eigene Position zuzulassen, geschweige denn zu denken. Dichotomien werden aufgemacht zwischen einem selbst und dem anderen, die dazu dienen sollen, sich vor allem als moralisch überlegen und den anderen als moralisch unterlegen darzustellen«.[40]

Darüber hinaus verhindern die Unfähigkeit zum Zwiegespräch – dem inneren *machloket* – und das Fehlen eines inneren Kritikvermögens echte moralische Integrität. Umgekehrt könne die Fähigkeit zum Zwiegespräch gesellschaftliche Missstände und Miseren verhindern: »Es braucht den Schlussstrich unter die Obsession, immer und überall moralisch überlegen sein zu wollen, und stattdessen die Hinwendung zu echter moralischer Integrität, die sich wissend um die eigene Fehlbarkeit automatisch von einer moralischen Überlegenheit distanziert«, so Funk.[41]

Im Januar 2024 enthüllten Journalist:innen von *Correctiv* die Deportationsfantasien und -pläne der AfD und von anderen Akteur:innen der extremen Rechten. In der Folge gab es in deutschen Städten wochenlang Demonstrationen gegen rechts. Solche Proteste sind entscheidend für die Widerstandsfähigkeit unserer Demokratie. Sie sind ein wichtiges Instrument, um Faschismus und Rechtsextremismus öffentlich zu bekämpfen und ein starkes Gemeinschaftsgefühl unter den Demonstrierenden zu schaffen.

Nach den Kundgebungen wurden die Demonstrierenden jedoch in sozialen Netzwerken von manchen linken Accounts und Meinungsführer:innen kritisiert. Es wurde argumentiert, dass den überwiegend *weißen* Menschen, die gegen die AfD, aber nicht für Palästina auf die Straße gingen, nicht vertraut werden könne. Die Ernsthaftigkeit des Engagements wurde infrage gestellt, weil nur für die eine, aber nicht für die andere Sache demonstriert wurde. Ich empfand die Aussagen als sehr kurz gedacht, spalterisch, ideologisch und dogmatisch – und darum demokratiegefährdend. Denn Menschen, die sich für diese Gesellschaftsform starkmachen, wurden diffamiert und möglicherweise entmutigt. Solche Vorwürfe und Anfeindungen treiben Menschen auseinander in einer Zeit, in der wir so dringend eine starke, geschlossene Bewegung gegen rechts brauchen. Meine Hoffnung war, dass sich die Anti-AfD-Demonstrierenden nicht von den Äußerungen beeinflussen lassen, denn der Widerstand gegen rechts ist dringender denn je, und er muss aus der gesamten Breite der demokratischen Mitte kommen. Würden wir nur mit denjenigen demonstrieren, die in jeder politischen Frage genau mit uns übereinstimmen, würden wir ziemlich alleine auf der Straße dastehen.

Mir ist wichtig anzumerken, dass eine Debatte über die Vorwürfe von linker Seite durchaus berechtigt ist – auch, wenn ich nicht mit der Art der vorwurfsvollen und spalterischen Kommunikation übereinstimme. Die Frage, warum nicht mehr Menschen in Deutschland dagegen protestieren, mit welch massiver, zerstörerischer und kriegerisch militärischer Gewalt die Menschen in Gaza vertrieben und getötet werden, ist legitim und wichtig. Ebenso ist der Einwand nachvollziehbar, warum hierzulande gegen rechtsextreme Gruppen, aber nicht gegen die rechtsextreme Regierung Netanjahus demonstriert wird. Doch zu behaupten, dass *weißen* Anti-AfD-Demonstrierenden nicht vertraut werden könne, weil sie nicht auch an anderen Demonstrationen teilnehmen, ist nicht nur *Whataboutismus,* sondern ein ideologischer Ansatz, der nur eine bestimmte Überzeugung toleriert.

Es gibt viele Gründe, warum Menschen etwa gegen die AfD, aber nicht gegen die Regierung Netanjahus auf die Straße gehen. Manche davon scheinen mir nachvollziehbar, andere nicht. Menschen neigen dazu, Themen in ihrem direkten Umfeld, abhängig von der Relevanz für das eigene Leben, vorrangig zu betrachten, was aus psychohygienischen Gründen wichtig und nachvollziehbar ist. Menschen haben individuelle Prioritäten – dem ist grundsätzlich mit Verständnis und Akzeptanz zu begegnen. Ich persönlich setze mich seit Monaten durch meine Social-Media-Aktivitäten dafür ein, auf das unsagbare Leid der Palästinenser:innen aufmerksam zu machen, insbesondere auf das Leid der Frauen und Kinder, die in diesem Konflikt getötet werden. Nichts, rein gar nichts wird jemals die massive völkerrechtswidrige Gewalt an Zivilist:innen im Gazastreifen rechtfertigen – es ist die Hölle auf Erden. Töten war niemals eine Lösung. Was dort geschieht, darf nicht sein. Dabei denke ich an Desmond Tutu, der gesagt hat: »Wenn du in Situationen von Ungerechtigkeit neutral bleibst, hast du die Seite des Unterdrückers gewählt.«

Allerdings sollten wir – und das versuche ich jeden Tag – das Verurteilen in engen Rastern vermeiden und stattdessen Grautöne zulassen. Wir brauchen eine konstruktive Offenheit ohne Vorurteile und sollten Brücken bauen, statt Mauern zu errichten, dann kommen wir weiter auf dem Weg des nichtideologischen Handelns. Diese Haltung erfordert einen freien Geist und die Bereitschaft, sich von festgefahrenen Denkmustern zu lösen. »Einen freien Geist im Sinne von Arendt zu besitzen bedeutet, sich von Dogmen, politischen Gewissheiten, theoretischen Komfortzonen und angenehmen Ideologien abzuwenden«, so die Literaturwissenschaftlerin Lyndsey Stonebridge, die Professorin für Humanities und Menschenrechte ist. »Es bedeutet stattdessen, die Kunst kultivieren zu lernen, sich den Gefahren, Vulnerabilitäten, Mysterien und Rätseln der Wirklichkeit zu stellen, weil dies am Ende unsere beste Chance darauf ist, menschlich zu bleiben.«[42]

Ich wünsche mir und hoffe darauf, dass sich andere Menschen für Menschenrechtsverletzungen interessieren und dagegen laut werden. Ich tue mein Bestes, um Gleichgültigkeit in meinem Wirkungskreis entgegenzuwirken, während ich meine eigene innere Aufmerksamkeitsökonomie austariere. Dies für andere Menschen zu definieren, obliegt allerdings weder mir noch anderen, denn genau dann würde ich eine moralische Überlegenheit behaupten.

Um eine nichtideologische Haltung aufzubauen und diese auch bei Gegenwind zu verteidigen, braucht es neben der Anerkennung der Falsifizierbarkeit feste und unerschütterliche Leitplanken. Das können zum Beispiel die universellen Menschenrechte oder die unverrückbare Überzeugung sein, Menschlichkeit in allen sehen zu wollen.

Activist's Dilemma

Am 8. März 2017, dem Internationalen Frauentag, lebte ich in New York und arbeitete für die Vereinten Nationen. Gleichzeitig schrieb ich immer häufiger Texte für unterschiedliche Medien, um meine feministischen Ideen zu verbreiten. An diesem besonderen Tag erschien ein Artikel von mir: »Neun Tipps für angehende Aktivist*innen«.[43] Es war mir ein Anliegen, ein größeres Publikum an meinen aktivistischen Erfahrungen teilhaben zu lassen. Der erste der neun Tipps bezog sich auf das, was Friedemann Karig ein paar Jahre später in seinem Buch *Was ihr wollt – Wie Protest wirklich wirkt* mit dem Begriff *Activist's Dilemma* beschrieb: »Man macht sich mindestens kurzfristig unbeliebt, um Leute von einer Sache zu überzeugen.«[44]

In meinem Tipp für Aktivist:innen klang das so:

> *Lasst von dem natürlichen Streben, von allen gemocht werden zu wollen, ab. Wenn ihr euch für eine Gesellschaft engagieren möchtet, in der beispielsweise Frauen ebenso respektiert werden wie Männer, dann werdet ihr an sehr festen Strukturen rütteln müssen. Diese Strukturen bestehen seit Jahrhunderten, werden durch unser tägliches Handeln gefestigt, und sehr viele Menschen profitieren von ihnen. Eben diejenigen, die das Privileg haben, frei von Diskriminierung zu leben. Eure Kritik an diesen Strukturen kann bei Menschen eine aggressive Abwehrhaltung hervorrufen, wenn sie sich angegriffen fühlen. Ihr werdet euch also nicht nur Freund*innen machen. Aber genauso*

funktioniert Aktivismus. Denn eine Gesellschaft wächst an denen, die sie infrage stellen.

Ich habe diese Erfahrung über die Jahre immer wieder gemacht: Auch wenn viele den Einsatz für Frauen- und Menschenrechte theoretisch sicher unterstützen würden, können dieselben Personen im Moment des Protests und des Handelns genau diesen Einsatz ablehnen. Denn im Moment des Protests entstehen Reibungen und Unbehagen, die viele Menschen kurzfristig als schwierig empfinden, obwohl sie langfristig froh und dankbar für die Konsequenzen des Protests sind. Ich bin überzeugt: Ohne Reibung, wenn alte Logiken oder Strukturen durch Neues ersetzt werden, gibt es kaum Wandel hin zu einer gerechteren Gesellschaft. Der Moment, wenn Aktivist:innen den Finger in die Wunde legen, kann schmerzhaft sein, doch ist dies unvermeidlich, wenn wir Ungerechtigkeiten abschaffen wollen. Oft wird dieses Unbehagen auf die Aktivist:innen projiziert, die den Finger in die Wunde legen, statt auf jene Menschen und Strukturen, die sie verursacht haben.

Diese Veränderung und dieses gesellschaftliche Wachstum sind nicht für alle gleichermaßen angenehm. So ist beispielsweise eine gesellschaftliche Mehrheit dafür, Abtreibungen zu entkriminalisieren und die Beratungspflicht abzuschaffen. Der Kampf dafür geschieht nicht stillschweigend, und wir Aktivist:innen machen uns nicht nur Freund:innen auch unter jenen, die im Nachhinein für die überfällige Verbannung von Abtreibungen aus dem Strafgesetzbuch dankbar sein werden. Es scheint wirklich ein Dilemma zu sein – doch nur so lange, wie man sich die Meinung der anderen zu Herzen nimmt. Das passiert besonders schnell, wenn man die Tendenz hat, ein *People*

Pleaser zu sein. Ich bin keine People Pleaserin, denn ich beanspruche keinesfalls, es allen recht zu machen – abgesehen davon, dass das ohnehin weder möglich noch erstrebenswert ist. Meine Fähigkeiten, meine Bedürfnisse und Grenzen zu kennen und zu artikulieren, steht People Pleasing diametral entgegen. Sonst hätte ich als Aktivistin auch keine Selbstwirksamkeit. Damit ist das *Activist's Dilemma* schlussendlich bloß eine Phase im widerständigen Aktivismus hin zu einer gerechteren Gesellschaft.

Zynismus als vorgeschobener Widerstand und intellektuelle Faulheit

Bisher habe ich im Kapitel zum Widerstand über die *Dos* gesprochen. Hier geht es um ein *Don't*: Zynismus.

Ich erlebe Zynismus andauernd, besonders bei Veranstaltungen, auf denen ich spreche. Äußere ich beispielsweise meine Ansichten über einen notwendigen Wandel hin zu einer gerechteren und gewaltfreieren Gesellschaft, meldet sich häufig jemand zu Wort und erklärt, dass meine Bemühungen zwar nett seien, aber letztlich nichts bringen würden. Die Mächtigen seien zu mächtig, weshalb es sinnlos sei, sich weiter zu engagieren. In solchen Momenten wirkt es auf den ersten Blick, als ob mein Gegenüber im Widerstand gegen »diese Mächtigen« stünde. Doch dieses bedauernde verbale Schulterzucken ist kein Widerstand, sondern etwas anderes.

Zynismus ist eine Einstellung oder Haltung, die durch Skepsis und Misstrauen gegenüber den Motiven anderer Menschen geprägt ist, begleitet von Pessimismus oder Resignation. Zynische Personen tendieren dazu, in Situationen oder Menschen immerzu das Schlechteste zu sehen; über Ideale, Hoffnungen oder positive Bemühungen machen sie sich nicht selten lustig. Für sie ist die Welt oft von Korruption, Selbstsucht oder Ignoranz bestimmt, und sie sehen alle Versuche, das Richtige zu tun, als prinzipiell sinnlos oder zum Scheitern verurteilt an.

Trotz aller globaler Herausforderungen dürfen wir, die wir potenziell alle die Welt verändern können, nicht zynisch werden. Zynismus ist nichts als intellektuelle Faulheit, die keinerlei Engagement erfordert. Die wirkliche Kunst des Widerstands ist es, selbst bei überwältigenden und übergroßen Systemen, wie beispielsweise der nuklearen Rüstungsindustrie, konkrete Angriffsflächen zu finden und trotz ihrer schieren Übermacht gegen sie vorzugehen.

So, wie es beispielsweise die Friedensnobelpreisträger:innen und Aktivist:innen der *International Campaign to Abolish Nuclear Weapons* geschafft haben, als sie ein völkerrechtliches Verbot von Atomwaffen erwirkten. Sie handelten in der Überzeugung, dass Massenmörder oder Nationalisten wie Wladimir Putin oder Donald Trump nicht die Möglichkeit besitzen dürfen, mit einem Knopfdruck Zehntausende oder noch mehr Menschen zu töten. Auch diese Aktivist:innen trafen auf viele, die sagten: »Ja, mach du nur. Aber du glaubst doch nicht ernsthaft, dass das etwas bewirkt. Die Nuklearstaaten werden niemals ihre Waffen aufgeben.« Doch ihr Protest war ein wichtiger Schritt auf dem langen Weg zur Abschaffung solcher Waffen. Denn obwohl fast alle* Nuklearstaaten weiterhin ihre Waffen besitzen, ist es keine zukunftsweisende Option, das einfach zu akzeptieren und nicht dagegen vorzugehen. An dieser Stelle bewusst nicht weiter handeln oder denken zu wollen, ist faul oder schlechten Erfahrungen geschuldet.

* Lediglich Südafrika und die Ukraine haben in der Vergangenheit ihre Nuklearwaffenprogramme auf- und Waffen abgegeben.

Ich kenne solche Abwehrreaktionen anderer aus meiner täglichen Arbeit nur zu gut. Dabei ist es ganz egal, um welches Thema es geht: Sei es die Stärkung von Frauen- und Menschenrechten, globale Abrüstung oder die Bekämpfung der Klimakrise. Sehr wahrscheinlich wird es auch in Ihrem Umfeld Menschen geben, die zynisch argumentieren und alles für sinnlos halten. Doch es ist entlastend, diese Attitüde als intellektuelle Faulheit einzuordnen. Viel schwieriger ist es, konstruktiv zu sein, Visionen zu entwerfen und eine lebenswerte Zukunft mitzugestalten. Das ist die einzig sinnvolle Arbeit – und sie wird im Großen ebenso getan wie im Kleinen.

Wenn Menschen zynisch auf eine politische oder gesellschaftliche Situation reagieren, dann ist das kein konstruktiver Widerstand, der zur Verbesserung der Lage beitragen könnte. Zynismus ist destruktiv, er gestaltet nicht und schafft keine Alternativen. Zynismus ist einfach, beinahe billig. Gut getarnt kommt er meistens als angeblicher Widerstand daher. Dabei könnte Zynismus nicht weiter von echtem Widerstand entfernt sein.

Das Handwerkszeug für Empathie und Widerstand

Um den Tanz von Empathie und Widerstand so auszutarieren, dass die Kombination dem Wandel hin zu einer gerechteren und gewaltfreieren Gesellschaft dient, braucht es bestimmte Werkzeuge. Hoffnung, Wissen und Netzwerke sind die wichtigsten.

Hoffnung

Vor einiger Zeit, als sich die Hiobsbotschaften von Krieg, Krisen und Katastrophen wieder einmal häuften, sagte eine Bekannte zu mir: »Wenn ich keine Hoffnung mehr habe, versuche ich, dankbar zu sein.« Dieser Satz bedeutete mir in diesem Moment sehr viel und holte mich ab. Dankbarkeit spielt in meinem Leben eine bedeutende Rolle; ich bin dankbar für mein Leben und die Menschen um mich herum. Ich bin dankbar für die Tatsache, dass es tatsächlich nur sehr wenige Momente gibt, in denen ich hoffnungslos bin. Andernfalls könnte ich meinen Job, sei es als Aktivistin oder Geschäftsführerin einer Menschenrechtsorganisation, nicht ausführen und würde es auch nicht wollen. Ich glaube fest daran, dass man Menschenrechts- und politische Arbeit nur machen kann, wenn man Hoffnung hat.

Hoffnung gründet auf der Überzeugung, dass Fortschritt, also positiver gesellschaftlicher Wandel, möglich ist. Dieser Fortschrittsglaube ist neben dem Universalismus und dem Streben nach Gerechtigkeit eine der Kernüberzeugungen einer linken Weltanschauung. Tatsächlich gibt es keinen größeren Unterschied zwischen Links und Rechts als die Idee, dass Fortschritt möglich ist, so die Philosophin Susan Neiman. Rechte und besonders rechtsextreme Politiker:innen oder Akteur:innen sind in ihrer Glorifizierung und Rückbesinnung auf alte Zeiten vereint. Wer sich links verortet, lebt hingegen nach vorne gerichtet: Nach dieser Weltanschauung können Menschen gemeinsam daran arbeiten, für sich und andere echte Verbesserungen der Lebensbedingungen herbeizuführen.[45] Gibt es keine Aussicht auf Fortschritt, verkommt Politik zu nichts anderem als einem fortgesetzten Kampf um Macht.

Ein Blick in die Vergangenheit veranschaulicht das. Über Jahrhunderte hinweg wurden die Lebensbedingungen für viele Menschen immer weiter verbessert. Ganz nüchtern betrachtet gibt allein diese Bestandsaufnahme vielen anderen und mir selbst jeden Grund dafür, hoffnungsvoll zu sein.

In meinem ersten Buch, *Die Zukunft der Außenpolitik ist feministisch,* beziehe ich mich an vielen Stellen auf andere Frauen – durch persönliche Porträts oder die Würdigung ihrer Leistungen. Es sind Frauen, meist Feministinnen, die vor mir die Welt positiv beeinflusst haben und auf deren Schultern ich stehe – ob als Feministin, Menschenrechtlerin, Autorin oder Unternehmerin. Meine Kampagnen wie zur Änderung des deutschen Sexualstrafrechts wären nicht möglich gewesen, hätte es nicht bereits vor Jahrzehnten Frauen gegeben, die in Deutschland beispielsweise das Frauenwahlrecht erkämpften (1918), die die Aufnahme der Gleichberechtigung von Frauen ins Grundgesetz durchsetzten (1949) oder das Ende der legalen Vergewaltigung in der Ehe erreichten (1997). Ich hätte auch niemals zu feministischer Außenpolitik arbeiten können, hätten sich nicht bereits 1915 mehr als tausend Frauen in Den Haag zum Ersten Frauenfriedenskongress getroffen, um eine neue, feministische, globale Ordnung zu fordern. Als Politikberaterin hätte ich nicht die gleiche Wirksamkeit ohne die Frauen, die maßgeblich an der Entstehung der Frauenrechtskonvention beteiligt waren (1997), ohne die Frauen, die auf der UN-Weltfrauenkonferenz in Peking das umfassendste Konzept zur Förderung der Gleichstellung der Geschlechter und Frauenrechte erreichten (1995), ohne die Frauen, die die »Frauen, Frieden und Sicherheit«-Agenda (WPS) in den UN-Sicherheitsrat brachten (2000), oder die Schwedin Margot Wallström, die 2014 als Außenministerin die feministische Außenpolitik ihres Landes – als erstes Land jemals – verkündete.

Das sind die Schultern, auf denen ich stehe. Es sind die Schultern, die Fortschritt symbolisieren, wenn auch in einer Welt, die global gesehen Frauenrechte mit Füßen tritt und in der die Angriffe auf Frauen- und Minderheitenrechte unter der Leitung autoritärer Führer:innen und rechtsextremer Akteur:innen stetig zunehmen. Der Einsatz der genannten Frauen bereitete unseren heutigen Realitäten den Boden. Es sind Realitäten, die in der Vergangenheit noch Hoffnungen waren. Hoffnung erzeugt Wirklichkeit.

Die indisch-kanadische Schriftstellerin Rupi Kaur bringt die Bedeutung und die Dankbarkeit, auf diesen Schultern stehen zu können, in ein wundervolles Gedicht:

ich stehe
auf den opfern
unzähliger frauen vor mir
und denke

was kann ich tun
um diesen berg größer zu machen
damit die frauen nach mir
noch weiter sehen können[46]

Auch ich will zum Wachstum des Berges, den Rupi Kaur beschreibt, beitragen. Als Autorin formuliere ich Visionen, als Aktivistin fordere ich sie ein, und als Unternehmerin zeige ich anhand konkreter Projekte auf, wie sie möglich werden.

Eine Gutachterin, die mein Buch zur feministischen Außenpolitik vor der Übersetzung ins Englische für den britischen Verlag prüfte, bezeichnete meine Haltung als pragmatisch. Sie schrieb: »Es wird zunehmend klar, dass Lunz zwar eine Idealistin ist, aber auch eine Pragmatikerin.« Zunächst stolperte ich über diese Beschreibung, fühlte mich nicht ganz wohl damit. Doch die Gutachterin hat recht. Mit diesem Ansatz trete ich an, den Berg höher zu machen. Auch wenn ich nie wissen kann, ob meine Visionen sich wirklich realisieren lassen. Dennoch handle ich, denn: »Hoffnung ist nicht die Überzeugung, dass etwas gut ausgeht, sondern die Gewissheit, dass etwas Sinn hat – egal, wie es ausgeht.« Der Satz stammt von Václav Havel, einem tschechischen Schriftsteller, Dissidenten und Staatsmann. Hoffnung ist das, was mich antreibt und mein Leben mit Sinn erfüllt.

Hoffnung hat dabei nichts mit passivem Optimismus zu tun – eine Einstellung, die darauf wartet, dass alles irgendwie gut wird. Hoffnung zu haben ist kein Zustand, sondern eine Aktivität, ein bewusstes Handeln. Hoffnung ist eine politische Entscheidung. Ich habe Hoffnung, weil ich in meinem privaten und politischen Leben die Möglichkeiten maximiere, zu einem positiven gesellschaftlichen Wandel beizutragen. Das geht nicht ohne einen kontinuierlichen Lernprozess, ein auf Vertrauen basierendes und aktiv gestaltetes wirkmächtiges Netzwerk und durch das Aufbauen und Führen meiner Organisation. Diese Elemente geben mir Hoffnung, weil ich weiß, dass sie den Wandel, den ich gesellschaftlich anstrebe, befördern können.

Ich bekomme regelmäßig wertschätzende E-Mails und Nachrichten, in denen vor allem Frauen schreiben, dass ihnen meine Arbeit Hoffnung macht, besonders dann, wenn ich mich gegen mächtige Männer, die ihre Machtposition ausnutzen oder missbrauchen, positioniere und zu diesem Zweck auch andere Menschen mobilisiere. Dass ich dazu beitragen kann, anderen Hoffnung zu geben, ist kein Zufall und hat mit viel Arbeit, aber auch Privilegien zu tun. Es ist möglich, da ich seit vielen Jahren in unterschiedlichen Bereichen bewusst die Voraussetzungen dafür schaffe, Hoffnung zu haben: Ich bin ausreichend gebildet und belesen, um auch einflussreichen Akteur:innen, etwa einem Minister, widersprechen zu können. Ich habe mir über Jahre ein Netzwerk aufgebaut, das es mir ermöglicht, innerhalb weniger Tage Jurist:innen, Schauspielerinnen, ehemalige Ministerinnen, weibliche Dax-CEOs, berühmte Politiker:innen oder Autor:innen zu erreichen, auf deren Unterstützung ich bauen kann. Mit meiner Organisation, dem *Centre for Feminist Foreign Policy,* habe ich mittlerweile die strukturellen und logistischen Voraussetzungen und ein Team aufgebaut, um Kampagnen auch umsetzen zu können.

Doch ebenso wichtig sind all jene, die im Kleinen Hoffnung schaffen, weil sie in ihrem persönlichen Lebensumfeld etwas ändern. Jene Frau etwa, die in einer Zeit oder an einem Ort, als es für Mädchen nicht vorgesehen war, lesen lernte. Jene, die die eigene Rechtlosigkeit nicht hinnehmen wollte und für ihre Rechte kämpfte. Jene, die den Mut aufbrachte, ihren gewalttätigen Mann entgegen der gesellschaftlichen Erwartungshaltung zu verlassen. Hoffnung ist nicht einfach da, sondern Menschen schaffen Bedingungen und Möglichkeiten, mit denen sie zu gesellschaftlichem Wandel und mehr Gerechtigkeit beitragen können.

Meine Freundin Jeannette Gusko, die Mit-Geschäftsführerin von *Correctiv,* erklärte mir einst bei einem Abendessen anhand der Panda-Theorie, wie möglichst viele solcher Möglichkeiten aktiv geschaffen werden. Sie dreht sich um die weltweit sehr kleine Pandapopulation. Das liegt vor allem daran, dass Pandaweibchen nur sehr schwer und an wenigen Tagen im Jahr schwanger werden können. Um den weltweiten Bestand von Pandas zu schützen und zu erhöhen, wird von Zoos und Schutzzentren viel unternommen, damit Pandaweibchen schwanger werden. Dazu gehören: Reproduktionsforschung und -überwachung, künstliche Befruchtung, das Zuführen von potenziellen Pandapartnern sowie die Bereitstellung von anderen Anreizen zur Paarung, Ernährungs- und auch Zuchtprogramme. Alles Maßnahmen, um die Wahrscheinlichkeit zu erhöhen, dass ein Pandaweibchen neue kleine Pandas zur Welt bringt und so die Möglichkeit auf ein Überleben der Art vergrößert. Ganz ähnlich verhält es sich mit der Hoffnung: Hoffnung bedeutet für mich, so viele Möglichkeiten wie möglich zu schaffen, damit die Wahrscheinlichkeit steigt, dass unsere Gesellschaft gerechter wird.

Auch wenn die individuelle Macht einer und eines jeden, etwas zu ändern, relativ gering ist, so ist sie doch real. Die täglichen Entscheidungen, wie wir unser Leben gestalten – dafür, dagegen oder irgendwo dazwischen zu sein –, sind etwas Aktives. Wenn wir uns auf etwas fokussieren, wächst die Chance auf Veränderung. Wandel beginnt nicht mit uns, er hört auch nicht mit uns auf. Es ist schwierig, den genauen *Impact* unserer Handlungen für eine gerechtere Welt zu verstehen oder gar zu messen. Denn meist sind die Auswirkungen nicht linear, oder sie treten verzögert ein. Doch davon sollten wir uns nicht entmutigen lassen.

Als ich im Januar 2017, am Tag nach der Amtseinführung des damaligen US-amerikanischen Präsidenten Donald Trump, in Washington, D. C. beim Women's March war und zusammen mit Millionen anderer Menschen, vor allem Frauen, weltweit gegen diesen Tyrannen auf die Straße ging, standen wir für unsere Rechte ein. »Pussies united, cannot be divided« war überall entlang der Proteststrecke in D. C. zu hören. Ich war elektrisiert, voller Hoffnung. Auf allen Kontinenten fanden an diesem Tag Women's Marches statt, Millionen Stimmen skandierten feministische Forderungen. Es war ein großartiges und historisches Beispiel von Widerstand, der unsere Gesellschaft verändern wird. Wir schafften es zwar nicht, die frauen- und menschenverachtende autoritäre Politik Trumps über die nachfolgenden vier Jahre auch nur ansatzweise zu verhindern. Das bedeutet aber nicht, dass unser Protest keinen Erfolg hatte. Erstens: Die weltweite Solidarität war unbeschreiblich bestärkend und half mir und vielen anderen durch die Trump'sche Legislatur. Zweitens werden wir nie alle Auswirkungen nachvollziehen können, die der Protest mit sich brachte. Vielleicht stand an genau diesem Tag unter den unzähligen Frauen und Protestierenden das eine oder andere kleine Mädchen, das den Reden beeindruckender Feministinnen lauschte. Vielleicht wurde an diesem Tag in ihr ein Feuer entzündet, vielleicht wurde es so inspiriert, dass es viele Jahre später die erste Präsidentin der Vereinigten Staaten würde.

Wissen

Als ich 2017 in New York lebte, hatte ich wenig Geld. Das kleine Gehalt, das ich im Rahmen meines Fellowships bei den Vereinten Nationen erhielt, reichte gerade so für die Miete meines WG-Zimmers an der Lower East Side Manhattans. Und dennoch wollte ich mir einen kleinen Luxus nicht nehmen lassen: Mindestens einmal in der Woche ging ich zu meinem New Yorker Lieblingsbuchladen »The Strand«. Dank »The Strand« wurde ich nicht nur zur Eigentümerin guter Bücher, sondern auch einer besonderen Tasche mit dem Aufdruck »*A well-read woman is a dangerous creature*«. Frauen, die lesen, sind gefährlich. Die »Gefahr«, die von vielbelesenen und gebildeten Frauen ausgeht, wirkte schon damals magisch auf mich. Ich verschlang Informationen über Frauen wie Malala Yousafzai, die sich bereits als Teenagerin für ihr Recht auf Bildung in Lebensgefahr begab (und dafür von den Taliban lebensgefährlich verletzt wurde). Malala setzt sich heute für das Recht auf Bildung von Mädchen weltweit ein. Oder Ruth Bader Ginsburg, die kluge ehemalige Verfassungsrichterin der USA. Sie vergrub sich in unzählige Texte und Bücher und konnte das US-amerikanische Rechtssystem Frauen gegenüber Stück für Stück weniger diskriminierend gestalten. Ich selbst verschlang die Bücher der oben genannten widerspenstigen und überaus klugen Frauen, deren Werke mein Regal zieren. All diese Frauen machten sich dank ihres scharfen Intellekts weltweit einen Namen und wirkten positiv in die Gesellschaft hinein. Solche Frauen faszinieren und begeistern mich, denn sie sind in der Tat gefährliche Wesen – gefährlich für die Beibehaltung eines ungerechten Status quo, gegen den sie alle angeschrieben und aufbegehrt haben oder es heute noch tun.

Auch mit meinen eigenen Texten und Büchern hoffe ich

dazu beizutragen, den Status quo mithilfe von Wissen infrage zu stellen und neue Denkansätze zu ermöglichen. Es war daher eine besondere Freude für mich, zu erfahren, wie oft mein Buch zur feministischen Außenpolitik als Standardwerk bezeichnet und in wie viele Lehrpläne an Universitäten es integriert wurde. Ich gehe in dem Buch der Frage nach, wie es überhaupt dazu kommen konnte, dass die Ideen, Gedanken und Theorien einer Minderheit – der *weißen* Männer aus Italien, Frankreich, Großbritannien, Deutschland und den USA – die Welt des Wissens und die Lehre an Universitäten so überproportional beherrschen und weshalb sie alle für ihre Arbeiten Objektivität, Neutralität und die Deutungshoheit beanspruchen.

Laut dem aus Puerto Rico stammenden Soziologen Ramón Grosfoguel geht die heutige Eindimensionalität des Wissens – er nennt es »intellektuelle Kolonisierung« – auf die vier sogenannten Epistemizide des 16. Jahrhunderts zurück: Erstens, als bei der Eroberung von al-Andalus die jüdische und muslimische Bevölkerung vertrieben wurde. Zweitens, als die Spanier begannen, die indigenen Völker zuerst in Amerika und dann in Asien zu kolonisieren. Der dritte Fall ist der transatlantische Sklavenhandel, in dessen Zuge Millionen von Menschen vom afrikanischen Kontinent entmenschlicht, versklavt und ermordet wurden. Der vierte ist die sogenannte »Hexenverfolgung«, also der Mord an Zehntausenden vorwiegend europäischen Frauen auf dem Scheiterhaufen. Das geschah, »weil ihre Wissenspraktiken nicht von Männern kontrolliert werden konnten«, so die Autorin Emilia Roig, die sich für ihr Buch *Why We Matter – Das Ende der Unterdrückung* ausführlich mit diesen Epistemiziden befasste. Insbesondere Frauen waren von all diesen Wissensauslöschungen betroffen. In der »Hexenverfolgung«, diesem jahrhundertelangen Massaker an Frauen zwischen dem 15. Jahrhundert und dem Jahr 1782, als in der Schweiz die letzte als Hexe diffamierte Frau hingerichtet wurde, stellten sie etwa drei Viertel der Opfer. Zusammen mit den Frauenleben wurden bewusst und strategisch frauenspezifisches Wissen, Spiritualität, Intuition und besondere Praktiken ausgelöscht.[47]

Bis heute werden das Wissen und die Literatur von Frauen abgewertet. Im Vergleich zu männlichen Autoren werden sie weniger beachtet und deutlich seltener besprochen.* Die Autorin Nicole Seifert widmet dieser Misogynie im Literaturbetrieb ein komplettes, sehr empfehlenswertes Buch: *Frauen Literatur*.[48]

Für meinen feministischen Widerstand ist das Wissen von und über Frauen und Feminist:innen essenziell. Auch deshalb platzt mein Bücherregal beinahe vor Texten und Büchern dieser Gruppen. Was ich heute schreibe, die politischen Forderungen, die ich heute stelle – das alles ist mir möglich, weil bereits lange vor mir widerständige Feminist:innen das tradierte Wissen und die männliche intellektuelle Hegemonie durchbrachen.

Eine dieser Frauen ist jene Unbekannte, die 2019 auf einer öffentlichen Wandmalerei, einem sogenannten Mural, in der libanesischen Hauptstadt zu sehen war. Die Künstlerin Diana Al-Halabi hatte an die Mauer eines Parkplatzes in der Cairo Street im beliebten Hamra-Viertel eine Frau in einem roten Kleid gemalt, die, auf einer Bank sitzend, in ihre Lektüre vertieft ist. Im Hintergrund sind auf-

---

* Die #frauenzählen-Studie der Universität Rostock, die im März 2018 über 2000 Rezensionen aus 69 deutschen Medien (Print, Hörfunk und TV) analysierte, offenbarte, dass Bücher von männlichen Autoren doppelt so oft und viel ausführlicher besprochen werden als Bücher von Autorinnen. Die Untersuchung ergab darüber hinaus, dass männliche Literaturkritiker zu 75 Prozent Bücher von männlichen Autoren rezensieren.

gebrachte Männer zu sehen, die rufend und schreiend und mit erhobenen Armen gestikulierend die Aufmerksamkeit der Frau einfordern. Sie aber liest ungestört die arabische Übersetzung von Hannah Arendts *Über die Revolution*. Unerhört für die Machthaber, denn, mit Hannah Arendt gesprochen: »Es gibt keine gefährlichen Gedanken; das Denken selbst ist gefährlich.« Lyndsey Stonebridge, die die Künstlerin interviewte, fügt hinzu: »Auf das Denken von Frauen aber [...] trifft dies möglicherweise ganz besonders zu – nicht zuletzt dann, wenn der Gegenstand ihrer Gedanken die Revolution ist.«[49] Vielbelesene und scharfsinnige Frauen sind in der Tat gefährliche Kreaturen.

Netzwerke

Ganz alleine zu wirken und bedeutsame Dinge zu erreichen, ist schwierig. Für meinen Widerstand gegen ungerechte Strukturen stütze ich mich daher immer wieder auf mein großes Netzwerk einflussreicher starker Frauen. Genauso wie *Sisterhood* in der direkten, sehr persönlichen Beziehung ermöglichen Netzwerke Zugang, Austausch, Halt, Unterstützung. Sie können viel Menschlichkeit, Wärme und Fürsorge vermitteln, ein wundervolles und wichtiges Care-Gefühl erzeugen. Unter Frauen sind sie besonders wichtig, da es in unseren patriarchalen Gesellschaften historisch gesehen normal war, dass mit der Eheschließung die Frau in den Haushalt und die Familie des Mannes überging und dadurch Netzwerke und Care-Systeme der Frauen systematisch zerstört wurden. In vielen Teilen der Erde ist das auch heute noch uneingeschränkt so.

Mich ärgern deshalb Aussagen wie: »Frauen sind nicht so gut im Netzwerken.« Das ist falsch: Die Netzwerke von Frauen können nur schwerer überleben. Zusätzlich auch deshalb, weil Frauen einfach nicht so viel Zeit – nicht nur zum Netzwerken – haben wie Männer, da sie überall auf der Welt, auch in Deutschland, mehr arbeiten.* Nicht zuletzt deswegen ist Netzwerken unter Frauen wichtig und ein feministischer Akt. Feministisches Netzwerken leistet Widerstand gegen die patriarchale Vorherrschaft und gibt gleichzeitig Unterstützung und Halt, um gemeinsame Interessen zu vertreten und voranzubringen.

Eines der wohl einflussreichsten Frauennetzwerke in Deutschland ist FRAUEN100. Das dezidiert feministische Netzwerk wurde 2021 von Janina Hell und Felicitas Karrer, die gemeinsam eine Agentur betreiben, ins Leben gerufen. Wie kaum ein zweites Frauennetzwerk in Deutschland vereint FRAUEN100 hochpolitische und feministische Inhalte mit beachtlicher medialer Aufmerksamkeit und rotem Teppich. Aber der Glamour soll nicht täuschen: Themen des Netzwerks sind männliche Gewalt gegen Frauen, der Frauenhass der AfD und Rechtsextremer, die Revolution der Frauen im Iran oder die feministische Außenpolitik, die im Rahmen der mehrjährigen Zusammenarbeit mit meiner Organisation CFFP während der Münchner Sicherheitskonferenz im Zentrum steht.

Ob Ministerinnen oder andere Politikerinnen, Schauspielerinnen, Menschenrechtsaktivistinnen, Unternehmerinnen, Journalistinnen oder andere erfolgreiche und wirkmächtige Frauen: Sie alle sind Teil des Netzwerks FRAUEN100. Aufgrund meiner Mitgliedschaft und meiner Freundschaft mit einer der Gründerinnen habe ich einen tieferen Einblick in das Netzwerk, der noch mehr zeigt als das, was für die Öffentlichkeit erkennbar ist. So bleiben die

---

* Das liegt vor allem an der vielen unbezahlten Care-Arbeit, die weltweit stark überproportional von Frauen übernommen wird.

gegenseitige Unterstützung und Zusammenarbeit von Betroffenen des Machtmissbrauchs durch den ehemaligen *BILD*-Chefredakteur Julian Reichelt, die Zusammenarbeit von politischen und journalistischen Akteurinnen im Fall des Machtmissbrauchs durch Rammstein-Sänger Till Lindemann, der Zusammenhalt vieler Frauen für meine Kampagne gegen Justizminister Buschmann und viele weitere Beispiele teilweise hinter den Kulissen.

Dabei muss besonders FRAUEN100 viel Kritik einstecken, sowohl von Männern als auch von Frauen. Immer wieder wird es als »pinker Champagner-Feminismus« abgewertet oder kritisch beäugt, nur weil die Frauen glamourös auf dem roten Teppich abgelichtet werden. Denkt jemand ernsthaft, dass Frauen durch schicke Kleider und Kameras am Denken und Politischsein gehindert werden? Hinter den unnötigen Kommentaren steckt eine Strategie der patriarchalen Gegenseite, die Bedeutung der Arbeit von Frauen abzuwerten und kleinzuhalten. Dass Frauen auf ihr Äußeres reduziert und ihre Leistungen kleingeredet oder ignoriert werden, passiert seit Jahrtausenden und ist so alt wie das Patriarchat selbst, weshalb diese Form der Misogynie vorhersehbar ist. Vonseiten der Kritik schwingt wohl auch eine gewisse Sorge und Angst mit – zu Recht, denn wann immer (einflussreiche) Frauen in Netzwerken zusammenkommen, passieren große Veränderungen.

Mein Kompass in stürmischen Zeiten

Im Bestreben, empathisch und widerständig auf eine gerechtere, gewaltfreiere Gesellschaft hinzuwirken, bin ich immer wieder starkem Gegenwind ausgesetzt. So manche Strategie und mein Wissen über das Funktionieren von Strukturen helfen mir dabei, in diesen Momenten standhaft zu bleiben.

Empathie ist kein Nullsummenspiel

Empathie ist für mich eine grundsätzliche Haltung und sollte nicht davon abhängig gemacht werden, wie nah mir jemand ist und ob es Anknüpfungspunkte gibt fürs Einfühlen. Doch mir scheint, dass die Debatte heute, besonders in den sozialen Netzwerken, immer empathieloser und rigoroser geführt wird nach einem Freund-Feind-Denken: »Entweder bist du für mich oder gegen mich«, »Entweder bist du für Team A oder für Team B«. Das ist fatal und bildet neue Fronten aus in einer Zeit, in der wir eng zusammenstehen sollten.

Mein anfangs beschriebenes Aufwachsen in einem Dorf war nicht nur dank der ländlichen Idylle eine positive Erfahrung, sondern auch deshalb, weil wir damals ohne Handy und vor allem ohne Social Media groß wurden. In ihrem Buch *Alles und nichts sagen – Vom Zustand der Debatte in der Digitalmoderne* verwendet Eva Menasse für diese Generation das Bild eines im Spinnennetz gefangenen Falters: Er glaube vermutlich, noch immer vieles wahrnehmen und beurteilen zu können, obwohl er die Perspektive nicht mehr wechseln könne. Das Wichtige sei jedoch, dass er wenigstens einmal fliegen konnte, während so viele andere bereits im Netz geboren wurden: die *Digital Natives.*[50]

Ich bin keine *Digital Native*. Ich habe noch unzählige Kindheitstage und Teenagernächte verbracht ohne die Ablenkung durch ein Handy, ohne das Bewusstsein, dass jede Peinlichkeit, jeder Kuss, jedes Betrunkensein, jeder unpassende Kommentar oder jede unangenehme Erfahrung gefilmt, geteilt und gepostet werden kann. Heute navigieren wir zwischen der analogen und der digitalen Welt, was die Art und Weise unseres Miteinanders sehr prägt und oft verschärft. Durch die digitale Massenkommunikation werden Emotionen in enormer Menge und Dichte freigesetzt, geteilt und um die Welt geschickt. »[Diese Emotionen] pflügen Politik und Gesellschaft um, einschließlich des Lebens vereinzelter digitaler Eremiten, die nie ein solches Gerät besessen und nie an ›sozialen Netzwerken‹ teilgenommen haben.«[51] Menasse fügt hinzu, dass kein Krieg, keine Wirtschaftskrise, nicht einmal die Pandemie vergleichbare Auswirkungen gehabt hätten wie die Digitalisierung unserer Gesellschaft.

◆◆◆

Anfang 2024: Überall in Deutschland blockieren Bauern und Bäuerinnen im Protest gegen die Ampelregierung die Innenstädte mit ihren Traktoren, bundesweit fallen die Züge aus, weil die Lokomotivführer:innen streiken, und niedergelassene Ärzt:innen demonstrieren für weniger Bürokratie und bessere Gehälter. Der Soziologe Heinz Bude sieht eine neue Qualität des Protests. Er sagt: Zunehmend mehr Menschen seien nicht zu Kompromissen bereit.[52] Die Art, wie Menschen die Welt wahrnehmen, sei eine andere geworden. Das Verhalten der Menschen und ihre kognitiven Fähigkeiten hätten sich ebenso verändert wie die Grundlagen des Zusammenlebens, die Ansprüche aneinander, die Ungeduld miteinander und der Hass aufeinander, meint auch Eva Menasse.[53]

Wenn eine solche Art der Interaktion und Kommunikation auf Konflikte vom Ausmaß internationaler Kriege trifft, dann bekommt auch die digitale Auseinandersetzung eine ganz neue Intensität. Das gilt besonders dann, wenn diese Konflikte für unsere Gesellschaft emotional und historisch herausstechen, wie der russische Angriffskrieg auf die Ukraine oder der Krieg zwischen der Terrororganisation Hamas und Israel. Der Umgang mit dem Konflikt im Nahen Osten veranschaulicht das: Social-Media-Plattformen verwandeln sich in imaginäre Fußballstadien, wo es kein Miteinander, sondern nur ein Gegeneinander gibt. Dort wird oft in politischen Bubbles verlangt, sich auf eine Seite zu schlagen – wir gegen sie –, das eigene »Team« anzufeuern, unter maximaler Entmenschlichung des »Gegners«.

»Nur was, wenn das Ziel nicht mehr der Austausch ist, sondern nur die Verhärtung der eigenen Position? Wenn Worte lediglich Trigger sind, um zu prüfen, auf welcher Seite des Arguments das Gegenüber steht? Welche Unterstellungen schwingen mit, wenn wir einander das Vertrauen mehr und mehr entziehen?«, schreibt Maryam Zaree über die aufgeheizte Situation bezüglich des Nahostkriegs.[54] Und Eva Menasse hat beobachtet, dass das einträglichste Merkmal fürs Renommee die (sprachliche) Schlagfertigkeit und Angriffslust seien und dass begabte

Vermittler:innen, Kompromissfinder:innen und Friedenstiftende eben in den sozialen Medien nicht gewürdigt würden.[55]

Die besondere menschliche Fähigkeit, gleichzeitig den Schmerz verschiedener Menschen und Gruppen zu sehen, anzuerkennen und zu betrauern, gleichzeitig Empathie für mehrere Menschen und unterschiedliche Gruppen zu haben, geht dabei viel zu oft verloren. Erst im Digitalen, und dann auch im direkten Kontakt.

Empathie für eine Gruppe zu zeigen, bedeutet aber nicht automatisch, weniger Empathie für eine andere Gruppe zu haben. Das war für mich eine sehr entscheidende Erkenntnis. Einen Tag nach dem Überfall der Hamas verfasste ich einen Post auf Instagram. Darin schrieb ich:

> *Empathie ist kein Nullsummenspiel. Mitgefühl für eine Gruppe zu zeigen, bedeutet nicht, dass du weniger Mitgefühl für die andere hast.* [56]

Ich fügte hinzu, dass die einzige Seite, für die wir uns entscheiden müssten, die der Zivilist:innen sowie der Menschenrechte für alle sei. Die Reaktionen darauf waren größtenteils positiv. Jedoch musste diese Anerkennung des Schmerzes auf beiden Seiten schnell einer vergifteten Debattenkultur weichen, in der jede Form der Unterstützung für eine Opfergruppe sofort von der »anderen Seite« digital niedergeschrien und mit Beleidigungen überhäuft wurde.

Der Autor Fritz Breithaupt analysiert die Gefahr der Parteinahme und die daraus resultierende Unmöglichkeit, Empathie für beide oder mehrere Seiten zu empfinden, in seinem bereits erwähnten Buch *Die dunklen Seiten der Em-*

pathie. Darin beschreibt er folgenden Prozess: Jemand beobachtet und erlebt einen Konflikt, ergreift spontan Partei (wir Menschen fällen empirisch bewiesen sehr schnell Urteile, wenn wir nicht aufpassen) und sieht in der Folge den Konflikt nur noch aus dieser Perspektive. Die Person entwickelt Empathie, was zur Bestätigung und Verstärkung der ersten Parteinahme führt. Die Dynamik von Parteinahme und Empathie erzeugt einen sich verstärkenden Kreislauf.[57]

Wenn wir nicht der Dichotomie von Freund versus Feind oder Gut versus Böse und dem Mythos erliegen wollen, dass Empathie für eine Partei weniger Empathie für die andere bedeutet, müssen wir diesen Kreislauf bewusst durchbrechen. Denn Polarisierung, Spaltung und Radikalisierung können die Folge sein. Wir müssen uns *bewusst* in beide Perspektiven einfühlen und erkennen, dass Empathie kein Nullsummenspiel ist.

Mich darauf zu besinnen, dass Empathie gegenüber allen möglich sein muss, ist wie das Trainieren eines Muskels, des Empathie-ist-kein-Nullsummenspiel-Muskels. Reflexhaftes Verhalten erschwert diese Besinnung. Durchdachtes, trainiertes Verhalten dagegen ermöglicht Empathie.

Konstruktive Ungeduld

Als Nina und ich 2018 unser gemeinnütziges Unternehmen CFFP gründeten, hatten wir eine feste Vorstellung davon, wie wir fortschrittlichen Wandel gestalten wollen. Wir bezeichnen unseren Ansatz als »konstruktive Ungeduld«.

Zunächst einmal erkennen wir an, dass gesellschaftlicher Wandel durch vielfältige Ansätze herbeigeführt werden kann. Diese Ansätze unterscheiden sich beispielsweise in ihrer Radikalität (drastische Änderungen oder Schritt für Schritt), im Zeithorizont (am besten gleich, in einer Dekade oder in den nächsten Jahrhunderten) oder auch darin, von welchem Ausgangspunkt der Wandel eingeleitet werden soll (von innen oder von außen).

Konstruktive Ungeduld basiert auf der Idee, dass wir die bessere Zukunft schon vor uns sehen können und wir uns in unserem Entschluss, auf diese »ungeduldig« hinzuwirken, nicht zurückhalten lassen wollen. Bei CFFP haben wir uns für ein »pragmatisches Peacebuilding-Mindset« entschieden. Das bedeutet, dass wir ungerechte Narrative, Systeme und Ideologien nicht nur dekonstruieren, sondern eine erstrebenswerte Zukunft artikulieren, feministische Alternativen konstruieren, diese einfordern und im Hier und Jetzt Entscheidungen treffen, um uns dieser erwünschten Zukunft stetig anzunähern. Dabei sind wir uns bewusst, dass unser Streben nach Universalismus, Menschenrechten und intersektionalem Feminismus und unsere Vision einer gerechteren und feministischeren Außen- und Sicherheitspolitik mit den gegenwärtigen Realitäten kollidieren kann.

Um diese Kluft zu überbrücken, treten wir direkt mit den Akteur:innen und Institutionen in Kontakt, die wir beeinflussen möchten. Dieses Vorgehen hat uns immer wieder Kritik eingebracht. Beispielsweise sind wir seit 2020 bei der Münchner Sicherheitskonferenz vertreten, die für traditionelle militärische Sicherheitspolitik steht und eng mit der Rüstungsindustrie verbunden ist. Noch 2022 wurde darüber berichtet, dass die Sicherheitskonferenz unbestreitbar ein Ort für Waffendeals ist.[58]

Als feministische Expert:innen für Außen- und Sicherheitspolitik ist eine glaubwürdige und pragmatische globale

Demilitarisierung und Abrüstung* eine unserer Kernforderungen, *und dennoch* sind wir bei der Münchner Sicherheitskonferenz präsent. Wir sind davon überzeugt, dass wir genau in diesem Umfeld nach und nach dazu beitragen können, dass Menschenrechtspolitik zunehmend auch als Sicherheitspolitik anerkannt wird. Das ist unser Ansatz.

Andere mögen sagen, dass wir durch unsere Präsenz problematische Strukturen stützen. Hinter dieser Kritik liegt ein anderes, genauso legitimes Verständnis von Wandel. Ich kann die Kritik akzeptieren und nachvollziehen. Die Ansätze mögen sich unterscheiden, zielen jedoch auf das gleiche Ergebnis ab: die Bekämpfung von gewaltvollen und ungerechten Strukturen sowie die Schaffung einer nachhaltig gerechten Gesellschaft. Obwohl wir uns nach radikalem Wandel sehnen, erkennen wir an, dass Fortschritt Zeit braucht und dass die Bedingungen dafür erst geschaffen werden müssen. Es gibt kurz-, mittel- und langfristige Perspektiven. Genau deshalb bewahren wir eine konstruktive Ungeduld und treiben die Transformation voran, während wir die Komplexität systemischen Wandels anerkennen.

The Difficult Woman

Frauen, die sich öffentlich für eine gerechtere Gesellschaft einsetzen und entsprechende Forderungen stellen, müssen mit massivem Onlinehass und digitaler Gewalt rechnen.

---

* Pragmatisch bedeutet auch, dass wir die Waffenlieferungen zur Selbstverteidigung wie im Fall der Ukraine über einen kurzen Zeitraum richtig finden. Doch gleichzeitig fordern wir, dass mittel- bis langfristige Lösungen zur globalen Abrüstung und Demilitarisierung vorangetrieben werden, damit Angriffskriege und der Besitz von Nuklearwaffen erst gar nicht mehr möglich sind.

Seit ich 2014 erstmals mit feministischen Forderungen in die Öffentlichkeit ging, erlebe ich diese Form der Gewalt regelmäßig, sie gehört leider zu meinem Alltag. Manchmal wird sie mir stärker präsent, meist wenn ich gerade eine Kampagne (mit)gestalte, manchmal tritt sie weniger prominent in Erscheinung.

Ich gehe mal besser, mal schlechter mit den Verunglimpfungen, Beleidigungen oder Drohungen um. In guten Zeiten erreichen mich solche Angriffe kaum. Denn ich habe mittlerweile ein starkes Netzwerk aufgebaut, das mir hilft, Angriffe abzuwehren, und mich beim Umgang mit dem Hass sowohl mental als auch rechtlich unterstützt. Dazu gehören mein Coach, meine Anwältinnen sowie die gemeinnützige Organisation HateAid, die Opfer digitaler Gewalt unterstützt und rechtlich vertritt, und der Austausch mit anderen feministischen Aktivist:innen. Außerdem hilft mir mein Wissen über die Mechanismen und Ziele des sogenannten *Silencing*. Mit dieser Taktik sollen Menschen – und insbesondere Frauen –, die den Status quo infrage stellen, gezielt zum Schweigen gebracht werden. Mein Netzwerk und mein Wissen helfen mir, zu erkennen, dass ich lediglich als Stellvertreterin des Feminismus gehasst werde und nicht persönlich – und weil ich eine unabhängige und erfolgreiche Frau bin. Patriarchale und misogyne Gesellschaften verachten Frauen und wollen sie kleinhalten, besonders dann, wenn sie erfolgreich ihren eigenen Weg gehen. Leider kann der durch die Anfeindungen ausgelöste Zweifel an der Menschheit mich manchmal so überwältigen, dass ich für kurze Zeit den Rückzug ins Private antrete, um neue Kraft zu schöpfen.

Doch die digitale Gewalt ist nicht die einzige Strategie, Frauen in der Öffentlichkeit mundtot zu machen. In den letzten Jahren waren Vorhaltungen und Vorwürfe wie »Ihr fordert zu viel« oder »Du machst das nur zur Selbstdarstellung« ein zuverlässig wiederkehrendes Phänomen, das letztlich dieselbe Absicht verfolgt: mich von meinem Weg abzubringen und zum Schweigen zu bringen. Es sind die immer gleichen Verunglimpfungen, geäußert von unterschiedlichen Personen. Übrigens kommen sie nicht nur von Männern, sondern werden auch, wie in meinem Fall, von bekannten Politiker:innen ausgesprochen. Es sind stets dieselben misogynen Versuche, Frauen und ihren Anliegen die Legitimität abzusprechen.

Diese Strategien gehen tragischerweise allzu gut auf, denn die Realität zeigt, dass viele Frauen davon abgehalten werden, sich öffentlich zum Feminismus und zu Frauenrechten zu positionieren. Das ist nicht nur schade, sondern ein großes Problem für unsere Demokratie. Ich wünschte, alle betroffenen Frauen wüssten, dass die Versuche, uns zum Schweigen zu bringen, nichts Geringeres und gleichzeitig nichts Größeres sind als genau das: Strategien mit einem ganz konkreten Zweck, nämlich den patriarchalen Status quo aufrechtzuerhalten. Dabei sagt »Du forderst zu viel« oder »Du machst das nur zur Selbstdarstellung« wenig bis gar nichts über die fordernde Frau aus, jedoch viel über die Person, die sich so äußert. Ob Suffragetten, die das Frauenwahlrecht durchsetzen wollten; die Frauen der Bonner Republik, die ihren Anspruch auf Respekt in der Politik unterstrichen; Politikerinnen, die das Ende der legalen Vergewaltigung in der Ehe verlangten; oder wir, die Zivilgesellschaft, die 2016 »Nein heißt Nein« forderten: Jedes Mal war da der gleiche Vorwurf.

Interessant und auf eine seltsame Weise beruhigend war es für mich, zu erfahren, dass selbst eine Ikone wie die Politikerin und Pionierin Elisabeth Selbert sich solchen Vorwürfen ausgesetzt sah. Selbert ist eine der vier »Mütter«* des Grundgesetzes (neben 61 »Vätern«). Ihr haben wir Artikel 3 (2) des Grundgesetzes, »Männer und Frauen sind gleichberechtigt«, zu verdanken. Auch Selbert musste sich 1949 anhören, sie fordere zu viel: »Du kannst doch nicht das ganze Familienrecht außer Kraft setzen oder ändern wollen, das bedeutet ja ein Rechtschaos«, warnte Friederike Nadig, ebenfalls Sozialdemokratin.[59]

Ich leide gewiss nicht an einer Hybris, die mich dazu verleiten würde, mich auch nur annähernd in die Nähe von Frauen zu stellen, die – wie eine Elisabeth Selbert – für mich Vorbilder, intellektuelle Schwergewichte und Ikonen sind. Doch ich gebe ohne schlechtes Gewissen zu: Das Wissen darum, wie diese Frauen aufgrund ihrer Arbeit und ihrer Forderungen von Verunglimpfungen und Misogynie betroffen waren oder sind und wie ihnen Steine in den Weg gelegt wurden und werden, beruhigt mich auf eine seltsame Art und Weise. Vieles relativiert sich dadurch. Oft denke ich dann etwas wie: »Wenn sogar Selbert sich so etwas anhören musste, dann ist es ja keine Überraschung, dass es mich auch betrifft.«

Und plötzlich bin ich gelassen und erinnere mich wieder an das, was eine andere Ikone, die Verhaltensforscherin Jane Goodall, einmal stolz über sich und andere gesagt hat: »Es braucht eigentlich nicht viel, um als schwierige Frau angesehen zu werden. Deshalb gibt es so viele von uns.«** Sehr viele sogar, zum Glück.

---

* Neben ihr waren es noch Friederike Nadig, Helene Wessel und Helene Weber.

** Übersetzung der Autorin.

Die Bedeutung von Utopien

Wir saßen bei meinem Buchverlag, Ullstein, im Garten – es war die Zeit der Berliner Sommerfeste. Omri Boehm, der deutsch-israelische Philosoph und Autor von *Radikaler Universalismus*, saß auf dem Podium und sagte diesen wunderschönen Satz: »Ein Idealist zu sein macht mich nicht weniger zu einem Realisten.«[60]

Häufig wird Menschen, die sich für gesellschaftlichen Wandel einsetzen, vorgeworfen, sie seien naiv und ihre Forderungen idealistisch und utopisch. Mir passiert das regelmäßig. Es zeugt für mich von einer unfreiwilligen Komik, dass der Begriff »utopisch« dabei tatsächlich als Vorwurf verstanden und gegen mich verwendet wird. Das finde ich seltsam, denn bevor sie zur Realität wurden, waren es Utopien, die einen gesellschaftlichen Wandel hin zu mehr Gerechtigkeit einläuteten. Alle großen Errungenschaften – von der Abschaffung des Sklavenhandels über das Frauenwahlrecht bis zur Ehe für alle – waren irgendwann einmal nicht mehr als ein idealistischer, utopischer Gedanke.

Besonders in Bezug auf meine Arbeit zu feministischer Außenpolitik und unseren Einsatz für Demilitarisierung, Waffenexportkontrolle und Abrüstung werden wir vom CFFP und ich persönlich mit der Frage konfrontiert, ob die Forderungen und Visionen denn nicht utopisch seien. Natürlich ist vieles davon utopisch. Schließlich sehe ich es als meine Aufgabe, gerechtere Zukunftsvisionen zu entwickeln und für sie zu werben, damit sozialer Wandel gelingt. Menschen, die utopisch denken, sind letztlich Visionär:innen, die ihrer Zeit einen großen Schritt voraus sind.

Per definitionem ist eine Utopie etwas, das noch nicht realisiert ist. Es ist eine positiv verstandene konstruktive Zukunftsvision. Das bedeutet: Jede Person kann aktiv zur

Umsetzung einer Utopie beitragen. Wenn wir nicht immer wieder solche utopischen Zukunftsvorstellungen, auf die es lohnt hinzuarbeiten, formulieren würden, ergäbe der Einsatz für gesellschaftlichen Wandel hin zu einer gerechteren Gesellschaft keinen Sinn.

Macht und Gesetz

Unser Rechtssystem ist nicht fair, Gesetze sind nicht neutral, Justitia mit ihrer Augenbinde ist nicht unvoreingenommen. Gesetze sind kein Naturgesetz: Sie wurden von Menschen, meist Männern, gemacht. Sie sind damit »Gesetze, die ihnen dann wiederum mehr Macht verleihen und sie verfestigen«, so die Rechtsanwältin und Autorin Asha Hedayati. Gesetze und Rechtsprechung spiegeln unsere Gesellschaften mit all ihren Unzulänglichkeiten wie Ungerechtigkeiten und Diskriminierung wider, weshalb überhaupt nicht davon ausgegangen werden kann, dass durch sie ein fairer und gerechter Zustand erreicht wird. Hedayati beschreibt weiterhin, dass »Gesetze Ergebnisse politischer und gesellschaftlicher Machtverhältnisse und deren Aushandlung sind«. Sie schlussfolgert, dass das Recht, wenn keine kritische Auseinandersetzung mit ihm erfolgt, zum Herrschaftsinstrument werden kann.[61]

Entsprechend kann es kaum überraschen, dass die Unschuldsvermutung nicht für alle gleich gilt. Während sie bei männlichen (insbesondere prominenten) Tatverdächtigen genutzt wird, um die möglichen Täter zu schützen (siehe aus jüngerer Vergangenheit Fälle wie Till Lindemann), werden Frauen, die ihre Peiniger anzeigen, in einer Opfer-Täter-Umkehr häufig zu Täterinnen gemacht, für die keine Unschuldsvermutung gilt. Sie werden kategorisch als Lügnerinnen abgestempelt – besonders, wenn es ein Machtgefälle gibt, weil der männliche Tatverdächtige berühmt ist und viele (meist männliche) Fans auf seiner Seite hat. Wer so laut nach der »Unschuldsvermutung« ruft, verfolgt allzu oft den Zweck, männliche Gewalt zu verharmlosen und die Täter zu schützen, während im selben Atemzug die Opfer und Anklägerinnen diffamiert werden. So wird Machtmissbrauch legitimiert, damit Macht auch in Zukunft weiterhin missbraucht werden kann.

Es gab in den letzten Jahren einige solcher Fälle, zu denen ich mich öffentlich klar positioniert habe. Ein Beispiel ist der Machtmissbrauch von Till Lindemann, dem Sänger der Band Rammstein. Fast von Anfang an, nachdem die Vorwürfe gegen ihn publik wurden, war ich im direkten Kontakt mit einer der Investigativjournalistinnen, die ausführlich über den Fall berichtete. Im Zuge dieses Austauschs forderte ich als eine der Ersten die Absage der anstehenden Konzerte der Band[62] und tauschte mich dazu mit Politiker:innen aus. Ich gab Interviews im Fernsehen und in Zeitungen. Ab diesem Zeitpunkt erfuhr ich nicht nur digitale Gewalt durch Rammstein-Fans, es wurde mir auch Drohpost in mein Büro geschickt. Was mich mehr verwunderte, war der sich immer und immer wiederholende Monolog, in dem auf die Unschuldsvermutung verwiesen wurde.

Doch, wie ich auch damals in einer *Focus*-Kolumne klarstellte, greift das Argument der Unschuldsvermutung zu kurz.[63] Natürlich ist sie ein kostbares rechtsstaatliches Gut und Ideal, das ich als solches nicht in Abrede stellen will und das vor Gericht unbedingt gelten soll. Ich kritisiere jedoch die öffentliche Debatte dazu, in der dieser Grundsatz unkritisch angewandt wird, ohne den Kontext einer drastisch ungleichen Machtverteilung zu berücksichtigen. Denn ich möchte zu bedenken geben, dass in unserer Gesellschaft über neunzig Prozent aller Gewalttaten von Männern ausgehen und männliche Gewalt gegenüber Frauen alltäglich ist.[64]

Ein rechtmäßiges Urteil durch ein Gericht gibt es erst nach einem Prozess. Das bleibt aber wirkungslos, wenn Missbrauch oder Vergewaltigung gar nicht angezeigt werden, weil Frauen befürchten müssen, als Lügnerinnen abgestempelt und so zu Täterinnen gemacht zu werden, weil die Polizei nicht sensibel mit ihnen umgeht oder zu befürchten steht, dass der Prozess retraumatisierend wirkt. Viel zu häufig fällt unser Rechtssystem keine Urteile zugunsten Opfer sexualisierter Gewalt, weil es in den intimen Situationen keine Zeug:innen gibt und Aussage gegen Aussage steht. Neunzig Prozent der Vergewaltigungen in Deutschland werden nicht angezeigt.[65]

Und auch wenn Sexualdelikte angezeigt werden, werden Verfahren oft eingestellt oder die Täter freigesprochen. Doch nur weil kein Urteil gesprochen wird oder die Beweise dafür nicht ausreichen, bedeutet das nicht, dass nichts passiert ist. Wir sind weit entfernt von einer Gesellschaft, in der das Rechtssystem jederzeit Gerechtigkeit für alle schafft, solange nur ein Prozent der Vergewaltiger verurteilt wird.[66] Auch wird angenommen, dass die Zahl der Falschbeschuldigungen bei Vergewaltigungen im unteren einstelligen Bereich liegt, nicht höher als bei anderen Delikten.[67] Und dennoch wird dieser Punkt fast immer reflexartig angebracht.

Es steht jedem Menschen frei, sich zu positionieren und eine Abwägung zu treffen: Ob wir uns auf die im einstelligen Prozentbereich liegenden Falschbeschuldigungen konzentrieren oder auf die zahlenmäßig weit überwiegenden Vergewaltigungsopfer, die keine Gerechtigkeit erfahren. Wir alle haben die Wahl.

Den wenigen Falschbeschuldigen unkritisch und reflexartig mehr Bedeutung zuzuschreiben, hebt nicht nur jegliche Arithmetik aus, sondern instrumentalisiert auch die Unschuldsvermutung zu einem falschen Zweck, indem sie für die patriarchale Hegemonie eingespannt wird. Es muss endlich ein Ende damit haben, die männlich-patriarchale Perspektive als Standard zu setzen.[68]

Ad acta

Vor einigen Jahren fiel es mir noch sehr schwer, mit Beleidigungen und Anfeindungen umzugehen. Ich hatte noch nicht verstanden, zu differenzieren zwischen wichtiger und legitimer Kritik auf der einen und »Kritik«, die meine Aufmerksamkeit nicht verdient, auf der anderen Seite. Ich wusste noch nicht, womit ich mich nicht abzugeben brauche, etwa dann, wenn mir jemand nicht auf Augenhöhe begegnen möchte.

Mit der Zeit kristallisierte sich in mir eine Erkenntnis heraus, die mir bis heute hilft: Wenn man eine Vision für die Gestaltung einer besseren Zukunft hat, dann gibt es immer auch sehr viele Menschen, die erst einmal frustriert oder negativ statt mit Wertschätzung reagieren werden. Die Digitalmoderne trägt verstärkt zu diesem Phänomen bei.

Außerdem musste ich lernen, Kritik von Projektion zu unterscheiden. Es kommt nämlich häufig vor, dass Menschen aktiv wütend auf mich sind. Sie sind wütend auf das, was in der Welt passiert – Kriege, Massaker oder Unterdrückung –, und werfen mir vor, warum ich nicht dieses oder jenes tue oder warum ich mich für oder gegen dies oder das positioniere (als ob das für eine Person auch nur annähernd möglich wäre). Diese Wut als Abwehrmechanismus gegen die Überforderung mit der Weltlage auf mich zu projizieren, ist unsinnig und respektlos, und vor allem keine Kritik.

Als empathische Gemeinschaft müssen wir noch viel deutlicher unseren Umgang im sozialen Miteinander ändern. Es muss klar werden, dass nicht alle ihren Kommentar respekt- und schrankenlos irgendwo abgeben können. Die Autorin Brené Brown äußerte sich darüber einmal so:

»Wenn Sie nicht gelegentlich selbst in der Arena stehen und Prügel einstecken, dann bin ich auch nicht offen für Ihr Feedback. Was Sie mir zu sagen haben, interessiert mich nicht. Millionen Menschen weltweit ›sitzen auf den billigen Plätzen‹. Sie werden im Leben nie Mut beweisen, verwenden aber ihre ganze Energie darauf, anderen, die sich das trauen, Ratschläge zu geben und ihnen ihre Meinung zu sagen. Ihr Beitrag beschränkt sich auf Kritik, Zynismus und Panikmache. Wer mich kritisiert, ohne sich je selbst aus dem Fenster zu lehnen, kann sagen, was er will – es interessiert mich nicht.«[69]

Wenn also die Kritisierenden mir auf Augenhöhe begegnen und ähnlich viel Verantwortung für die Gesellschaft übernehmen, dann können wir gerne miteinander ins Gespräch kommen. Die anderen, die nicht bereit sind, »in der Arena« zu sein, nehme ich zwar wahr, lege deren Einwände jedoch »ad acta«.

Es war so wichtig für mich, zu lernen, mit dem Lärm da draußen umzugehen, ohne selbst von meinem Weg abzukommen.

Empathische und widerständige Frauen

Ich glaube, die Kombination aus Empathie und Widerstand bei vielen durchsetzungsstarken und am Fortkommen der Gesellschaft arbeitenden Menschen erkennen zu können. Sie ist mitnichten etwas, das nur mein Handeln prägt. Eine solche Haltung verbindet, schafft Vertrauen und kann *Sisterhood* organisieren. Genau deshalb habe ich auch die folgenden Frauen ausgewählt, denn mit ihnen verbinde ich genau das. Ich hätte noch viele weitere Frauen und generell Menschen porträtieren können, überall auf der Welt verändern sie unsere Gesellschaften Stück für Stück zum Besseren. Eine solche Frau ist beispielsweise auch Marita Perceval. Die argentinische Politikerin und ehemalige Botschafterin Argentiniens bei den Vereinten Nationen sowie Sonderbeauftragte ihres Landes für feministische Außenpolitik (2023–2024) und heutige Präsidentin der zivilgesellschaftlichen Organisation *Feminists Without Borders* saß bei einer Konferenz zu feministischer Außenpolitik Ende Juni 2024 in der Hauptstadt Mexikos neben mir. An genau diesem Tag hörte ihr Handy nicht auf, aufzuleuchten, sie erhielt pausenlos Nachrichten. Denn es war dringend: Der Präsident des Landes, Javier Milei – unter anderem bekannt für sein aggressives und skrupelloses Vorgehen gegen Frauen-, LGBTQI- und Menschenrechte – trieb an diesem Tag genau diese Agenda voran: Unzählige Transpersonen wurden aus dem öffentlichen

Dienst geworfen, das Frauenministerium wurde weiter abgebaut, und Gewaltschutzbestimmungen für Frauen wurden ausgehebelt. Während wir ihr mit Entsetzen zuhörten und in dem Moment nicht die richtigen Worte des Trosts und der Resilienz fanden, sagte sie: »Der einzige Kampf, den du verlierst, ist derjenige, den du aufgibst.« Die im Folgenden porträtierten Frauen verkörpern die Worte von Marita.

Ailbhe Smyth: Legalisierung von Abtreibungen in Irland

Mir steigen heute noch Tränen der Rührung in die Augen, wenn ich die Bilder von Frauen unter dem Hashtag #hometovote vom 25. Mai 2018 sehe. Sie zeigen Frauen wie meine Freundin Jennifer Cassidy, ihre irischen Pässe in den Händen haltend, zusammen mit einem kleinen Aufkleber mit dem Slogan »Together for Yes«. Im Hintergrund ist das Flugzeug zu sehen, das sie von London in ihre irische Heimat brachte, um bei einem wichtigen frauenpolitischen Referendum abstimmen zu können. Auf einem anderen Bild ist die damalige Oxford-Studentin Muireann Meehan Speed zu sehen, lächelnd, im Flugzeug. Es war unter anderem ihr und ihrem Antrag auf finanzielle Unterstützung zu verdanken, dass die Universität Oxford Reisestipendien an irische Studierende verteilte, damit sie zum 25. Mai nach Hause reisen konnten. Etliche britische Studierendenvereinigungen unterstützten die Heimreise ihrer irischen Studierenden finanziell.[70]

Dieser Tag war nämlich ein historischer Tag für das Land und ganz besonders für alle irischen Frauen. An jenem Freitag waren alle Bürger:innen dazu aufgerufen, in einem Referendum darüber zu entscheiden, ob das

»Recht auf Leben von Ungeborenen« aus der Verfassung gestrichen werden sollte oder nicht. Schwangerschaftsabbrüche waren in Irland schon seit langer Zeit verboten, 1983 schrieb das Land eines der restriktivsten Abtreibungsgesetze innerhalb der EU in seiner Verfassung fest. Nicht einmal nach einer Vergewaltigung durften Frauen legal abtreiben. Das Sexualverbrechen und seine Folge stellt mit Abstand eine der größtmöglichen Erniedrigungen für eine Frau dar: Nachdem sie brutale Gewalt erfahren hat, wird sie gezwungen, das Kind – Resultat eines der schlimmsten Gewaltdelikte gegen Frauen – auszutragen und zur Welt zu bringen. Erbarmungslosere Regularien könnten das Patriarchat und die Politiker:innen, die es aufrechterhalten wollen, kaum per Gesetz verankern. Die Rechtslage basierte auf der »Moralvorstellung« der in Irland sehr einflussreichen Katholischen Kirche, die jeglicher Zwischenmenschlichkeit und Empathie entbehrt – im Kern ist sie Ausdruck tief verwurzelter Misogynie.

Das Gesetz regelte unter anderem, dass irische Frauen, die nach einer Vergewaltigung eine daraus folgende Schwangerschaft abbrachen, längere Haftstrafen erhalten konnten als ihre Vergewaltiger. Die sogenannte achte Ergänzung der Verfassung verlangte, »das Leben der Mutter und das des Ungeborenen« gleichermaßen zu schützen. Einer Frau, die dennoch einen Schwangerschaftsabbruch durchführte, drohten bis zu 14 Jahre Haft – auch nach einer Vergewaltigung.[71]

Aufgrund der Gesetzgebung reisten jeden Tag im Schnitt etwa zwölf Frauen nach Großbritannien, um dort Schwangerschaftsabbrüche durchführen zu lassen. Hochgerechnet fuhren somit spätestens seit 1983 jedes Jahr Tausende Irinnen für eine Abtreibung ins Ausland. Die Kosten von mehreren Tausend Euro mussten die Frauen selbst tragen. Wer sich Reise, Unterkunft und Eingriff nicht leisten konnte, musste auf im Ausland beschaffte hormonelle Mittel zurückgreifen.* Da die Einnahme dieser Mittel qua Verfassung aber ebenfalls illegal war, riskierten Frauen auch, dafür verurteilt zu werden.[72] Jahrzehntelang war die Situation für Frauen unerträglich.**

Doch all das sollte sich dank Frauen und Feminist:innen wie der Irin Ailbhe Smyth nach dem 25. Mai 2018 ändern. Ailbhe und ihre Mitstreiter:innen schrieben an dem Tag Geschichte. Sie wiesen die katholische Kirche, die die Moralvorstellungen im Land bis dato fundamental geprägt hatte, in die Schranken. Die katholische Kirche ist weiterhin weltweit eine der stärksten Hüterinnen des Patriarchats. Als Person, die selbst immer wieder einflussreiche Hüter des Patriarchats herausfordert, habe ich den allergrößten Respekt für Ailbhe und die anderen Aktivist:innen.

---

* Ich wünschte, wir lebten in einer Welt, in der *Verantwortungsvoll ejakulieren* nicht lediglich ein großartiges Buch der Bestsellerautorin Gabrielle Blair ist, sondern die Maxime aller Männer. Männer müssen endlich für ihr Sexualverhalten Verantwortung übernehmen.

** Manche Länder machen gegenwärtig in ihren Gesetzgebungen zu sexuellen und reproduktiven Rechten eine »Rolle rückwärts«. Prominentestes Beispiel sind die USA. Seit die wegweisende Gerichtsentscheidung im Fall Roe vs. Wade im Sommer 2022 rückgängig gemacht wurde, können Abtreibungen wieder bundesstaatlich geregelt werden. Die Folge: In 14 US-Bundesstaaten dürfen vergewaltigte Frauen kaum bzw. nicht mehr abtreiben. Eine Analyse aus dem Januar 2024 zeigt, dass allein seit diesem Zeitpunkt bereits knapp 65 000 Frauen nach Vergewaltigungen schwanger wurden – so gut wie keine von ihnen durfte abtreiben. Vgl. Jessica Glenza: »Nearly 65,000 US rape victims could not get an abortion in their state, analysis shows«. in: *The Guardian Online* vom 25. 1. 2024, https://www.theguardian.com/world/2024/jan/25/abortion-after-rape-laws-bans [15. 4. 2024].

Ailbhe setzte sich bereits seit den 1980er-Jahren für den Zugang zu sicheren Abtreibungen in Irland ein. Im Oktober 2012 kam es zu einem tragischen Ereignis, das Ailbhes Protest gegen die herrschenden Zustände Auftrieb gab: Die damals 31-jährige Savita Halappanavar, eine Zahnärztin indischer Herkunft, starb in einem irischen Krankenhaus an einem Herzstillstand infolge einer Sepsis, nachdem ihr Wunsch nach einer Abtreibung abgelehnt worden war. Savita war damals in der 17. Woche schwanger und suchte aufgrund starker Schmerzen eine Klinik auf. Obwohl festgestellt wurde, dass eine Fehlgeburt ohnehin unvermeidbar war, wurde ihr eine aktive Beendigung der Schwangerschaft verwehrt, trotz eines Blasensprungs. Dies wurde damit begründet, dass ein fetaler Herzschlag noch feststellbar war. Savitas Tod hätte verhindert werden können. Eine Welle der Empörung ging durch die irische Gesellschaft. Die Verfassung hatte eine tote Frau mehr auf dem Gewissen.*

Ailbhe und ihre Mitstreiterinnen gründeten die *Coalition to Repeal the 8th Amendment,* die später Teil der *Together for Yes*-Kampagne wurde. Die frauengeführte Koalition hatte mit der Zeit circa 120 Mitgliedsorganisationen um sich versammelt. In einem Land mit damals etwa 4,5 Millionen Einwohner:innen ist das eine beachtliche Leistung.

2012 rechneten die Initiatorinnen damit, dass ihre Arbeit fünf Jahre dauern würde, entsprechend setzten sie eine Fünfjahresstrategie auf – schlussendlich erreichten sie

* Die Situation erinnert viel zu sehr an den unerträglichen Status quo in Polen, wo aufgrund der extrem restriktiven Abtreibungspolitik im Land in den vergangenen Jahren mehrere Frauen starben, da ihnen Abtreibungen verwehrt wurden.

nach sechs Jahren jenen großen Erfolg, der Abtreibungen in Irland endlich entkriminalisierte.

Es ist beeindruckend, wie sie das geschafft haben: Sie leisteten Widerstand gegen die Katholische Kirche und gegen patriarchale Strukturen und schufen gleichzeitig gesellschaftliche Empathie für die Frauen, die eine Abtreibung benötigten. Und sie erkannten, dass es Empathie für beide Seiten brauchte. Als ich mich mit Ailbhe zu ihrer Kampagne austauschte, sagte sie: »Fünf Jahre lang mussten wir uns in die Schuhe derjenigen begeben, die wir zu überzeugen hatten, wir mussten also Empathie für sie aufbringen.« Sie fügte hinzu: »Wenn du eine Strategie für eine Kampagne entwickelst, ist es wichtig, dass du es schaffst, eine Verbindung zu den Menschen aufzubauen, deren Einstellung du ändern möchtest.«

Aufgrund des Todes von Savita Halappanavar waren viele Emotionen, besonders Fassungslosigkeit, in der Gesellschaft entstanden. Die Aktivist:innen mussten überlegen, wie sie diese Emotionen für ihre Sache verwenden konnten, welches Narrativ und welche Botschaften zum Ziel führen konnten – sie mussten *hearts and minds* erreichen und ändern. Damit dies gelingen konnte, entschieden sie sich dafür, auf Empathie zu setzen. Sie vermieden absichtlich das Wort »Abtreibung« in ihren Botschaften. Zu Abgeordneten sagten sie stattdessen, dass diese etwas tun müssten, weil schwangere Personen aufgrund der Gesetzgebung jeden Tag leiden würden.

Die Feminist:innen um Ailbhe wollten einen neuen Ton finden: Menschen mussten mitgenommen werden, die Notlage der Leidenden wirklich zu fühlen, die Auswirkungen auf die Gesundheit einer Frau, auf ihre Familie, auf ihre Beziehungen zu verstehen. Die Aktivist:innen machten das Thema zu einem Anliegen, dem sich niemand im ganzen Land mehr entziehen konnte. Wenn Männer also meinten: »Ich kann dazu nichts sagen …«, antworteten sie mit ihrem Kampagnenslogan: *Eine Frau, die du liebst, braucht möglicherweise dein Ja.* Ein Ja beim Referendum war ein Ja zur Entkriminalisierung von Abtreibungen. Es ging um *care* – darum, sich als Gesellschaft umeinander zu kümmern und füreinander zu sorgen. In der Debatte kamen die wahren Expertinnen zu Wort: nicht länger Mediziner:innen und Jurist:innen, sondern Frauen, die bereits abgetrieben hatten. »So konnten wir die Herzen der Menschen erreichen«, sagte mir Ailbhe in unserem Gespräch.

Die Aktivist:innen erreichten einen Umschwung von Verurteilung hin zu Mitgefühl: »Du magst zwar gegen Abtreibungen sein, sie verurteilen, aber das ist nicht die Frage. Die Frage ist: Möchtest du wirklich im Weg stehen, wenn eine Frau sie braucht?« In einer Stadt im Süden Irlands wurden Hunderte Frauenschuhpaare ausgelegt mit der Einladung: *Gehe in ihren Schuhen!* Immer mehr betroffene Frauen erzählten ihre Geschichten, von den Gefahren, den Reisen ins Ausland, ihren Ängsten. Empathie wurde zum wichtigsten Werkzeug – nach dem Motto: *Kannst du dir vorstellen, in ihren Schuhen zu stecken? – Nein, das kann ich nicht, aber ich möchte ihr auf keinen Fall im Weg stehen.* »Es brauchte Konversationen, keine Konfrontationen«, so Ailbhe. Es sei darum gegangen, allen deutlich zu machen: Egal, wer sie ist, was sie tut – es kann jede Schwangere treffen.

Als ich Ailbhe zum Abschluss unseres Gesprächs fragte, wie sie mit der Gegenseite, der Opposition, umgingen, sagte sie mir: »In gewissem Maße haben wir sie ignoriert. Wir haben keine Auseinandersetzungen mit der anderen Seite angefangen. Unsere Aufgabe bestand nicht darin, die Argumentation zu gewinnen, unsere Aufgabe bestand darin, ein Referendum zu gewinnen – und das ist etwas ganz anderes.«

Am 25. Mai 2018 stimmten zwei Drittel der Wähler:innen gegen den achten Verfassungszusatz – und einige Monate später wurden in Irland Abtreibungen endlich unter bestimmten Voraussetzungen entkriminalisiert. Das ist ein historischer Gewinn für alle Frauen – auch wenn noch viel weitergekämpft werden muss, bis Abtreibungen endlich eine volle Krankenkassenleistung und ohne Auflagen wie eine verpflichtende Wartezeit möglich sein werden.

Enissa Amani: Klare Haltung gegen die AfD

Enissa Amani wurde 1981 als Tochter einer Ärztin und eines Literaturwissenschaftlers in Teheran geboren. 1985 floh die Familie aus dem Iran nach Frankfurt am Main, wo Enissa auch heute lebt. Sie steht seit vielen Jahren in der Öffentlichkeit, vor allem seit 2013 als Stand-up-Comedienne und durch ihre Shows und Auftritte im Fernsehen. Heute zeichnet sie sich vor allem durch ihren Einsatz für Frauen- und Menschenrechte aus – sie ist eine Aktivistin.

Enissa erzählt, dass sie immer schon ein politischer Mensch mit klarer Haltung gewesen sei. Für ihre Fans und die breitere Öffentlichkeit wurde dies ganz besonders aufgrund ihrer Wut über einen Facebook-Post der AfD Gelsenkirchen deutlich. Darin reagierte sie auf die rechtsextremen und antimuslimischen Terroranschläge auf zwei Moscheen im neuseeländischen Christchurch im März 2019, bei denen 51 Menschen getötet und weitere fünfzig verletzt wurden. In dem Post behauptete die AfD, es stehe Muslim:innen nicht zu, sich pauschal als Opfer zu sehen. Darüber hinaus brachte der Post den Zuzug von muslimischen Menschen nach Deutschland mit einem Anstieg von Messerattacken und sexuellen Übergriffen in Verbindung.

Es war nicht das erste Mal, dass Enissa wütend auf die AfD war: Im September 2018 hatte der bayerische AfD-Politiker Andreas Winhart in einer öffentlichen Rede geflüchteten Menschen eine Mitschuld an HIV-, Krätze- und Tbc-Fällen gegeben und von »Albaner-Gruppen« gesprochen. In Facebook-Videos kritisierte Enissa Amani die AfD aufs Schärfste.

Im Gespräch schilderte sie mir, wie sich ihre Gefühle bei gesellschaftspolitischen Ungerechtigkeiten mit der Zeit gewandelt haben. Aus ihrer Wut ist in den letzten Jahren Trauer und Schmerz geworden. Trauer und Schmerz darüber, dass wir es als Menschheit immer noch nicht hinbekommen haben, das Töten, die Krisen, die Kriege und Konflikte zu beenden. »Wir haben so magische Dinge wie Smartphones entwickelt, und dennoch, im Umgang miteinander, sind wir so oft noch so tierisch, so instinktiv, so wenig liebevoll und zum großen Teil von Ängsten geleitet«, sagt Enissa.

Sie leidet darunter, dass ein Großteil der Menschen aus dumpfer Angst, mangelndem Durchblick und Ignoranz handelt. Doch dieser Zustand wird auch von Optimismus durchbrochen, etwa dann, wenn ihr klar wird, dass gleichzeitig immer mehr Menschen ein Bewusstsein für globale Menschenrechtsverletzungen entwickeln.

Dass sie so sanft und zugewandt ist, führt Enissa auf den Einfluss ihres Vaters zurück. In ihrem Vater erkennt sie die »menschgewordene Güte«. Als sie sieben oder acht war, hatte er ihr erklärt, warum er Feminist ist, hat ihr Bücher von großen Feministinnen wie Simone de Beauvoir ans Herz gelegt und ihr gleichzeitig vermittelt, dass sie als Frau im Patriarchat lernen müsse, zu kämpfen. Sie wurde von ihm zur Feministin erzogen.

Bei einer Veranstaltung in Berlin im Januar 2024 führte Enissa durch den Abend. Charmant, scharfsinnig, haltungsstark und klug wie immer. Dabei erzählte sie auch von ihrem Vater. Er habe ihr einmal gesagt, dass man kein Feuerwehrmann sein müsse, um ein Feuer zu erkennen. Jede:r könne rufen: »Achtung, ein Feuer!« Dafür brauche man in dem Moment nicht zu wissen, wie man es löscht. Das Gleiche erwartet sie in Bezug auf Menschenrechte: rufen, darauf aufmerksam machen, wenn Unrecht geschieht, auch wenn man die Lösung selbst nicht kennt.

Auch ihre Mutter – natürlich auch Feministin – war prägend. Von ihr hat sie das Kraftvolle, die Wut und den Drang, etwas ändern zu wollen. Denn für Enissa hat die Empathie dort ihre Grenze, wo Menschenfeinde am Werk und massive Ungerechtigkeiten erkennbar sind.

Dieser Übergang zum Widerstand zeigt sich deutlich in Enissas Protest und dem, was darauf folgte. Enissa hatte den AfD-Politiker Winhart als »elenden Rassisten« und »Bastard« bezeichnet und ihm Volksverhetzung vorgeworfen. Daraufhin zeigte der die Entertainerin und Aktivistin an – während er zugleich selbst von mehreren Bürger:innen angezeigt wurde. Ein Verfahren gegen Enissa kam ins Rollen, doch die Ermittlungen gegen Winhart wurden von der Staatsanwaltschaft eingestellt, weil kein Tatbestand der Volksverhetzung vorliege. Enissa dagegen wurde zu einer Geldstrafe in Höhe von 1800 Euro wegen Beleidigung verurteilt.

2021, als die Geldstrafe fällig wurde, entschied sie sich, diese nicht zu zahlen, solange Winhart straffrei davonkomme. »Meine Beleidigungen stehen außer Frage, die müssen geahndet werden«, sagt Enissa und fügt hinzu, dass sie an ihrer Strafe nichts zu beanstanden habe, sondern sie angemessen finde und sehr glücklich über das deutsche Rechtssystem ist, in dem Wert darauf gelegt wird, dass kein Mensch einen anderen beleidigen darf. Doch dass Winhart für seine »wahnsinnig gefährliche Aussage« komplett straffrei davonkommt, ist für Enissa »ein Unding«. Indem sie die Zahlung verweigerte, wollte sie auf die Straflosigkeit Winharts aufmerksam machen. Sie riskierte damals, für vierzig Tage ins Gefängnis zu müssen, wozu sie auch bereit war. »Wenn wir eindeutig rassistisches Gedankengut durchgehen lassen, dann sind irgendwann am Ende der kausalen Kette Menschen auf der Straße, die wie in Hanau oder damals in Norwegen irgendwo reinlaufen und andere erschießen.« Schließlich wurde ohne Enissas Wissen eine Pfändung durchgeführt und das Geld von ihrem Konto eingezogen.[73]

In unserem Gespräch hob Enissa angesichts solch eklatanter Ungerechtigkeiten ihren Willen zur Unbeugsamkeit hervor. »In solchen Momenten der Unbeugsamkeit spreche ich Dinge sehr deutlich aus, eben nicht mehr diplomatisch. Ich möchte das auch nicht mehr in Ruhe sagen, sondern ich sage die Dinge dann auch emotional, im Widerstand dagegen, dass uns Frauen von klein auf beigebracht wird, dass unsere Emotionalität schlecht sein soll – ich möchte dann bewusst emotional sein.«[74]

Ihr Widerstand gegen rassistisches Gedankengut und ihre Entschlossenheit, für Gerechtigkeit einzustehen, verdeutlichen ihren unerschütterlichen Willen zur Veränderung und zur Aufdeckung von Missständen. Indem sie dabei auch Emotionen zeigt, verdeutlicht Enissa, dass Empathie und Widerstand eng miteinander verbunden sind und gemeinsam eine starke Kraft für positive Veränderungen darstellen.

Luisa Neubauer: Der Kampf für Klimagerechtigkeit

Luisa Neubauer ist nicht nur die bekannteste Klimaaktivistin Deutschlands, sondern wohl auch eine der bedeutendsten weltweit. Als wir uns im März 2024 für dieses Buch austauschten, feierten sie und ihre Bewegung ihr fünfjähriges Jubiläum: Mitte März 2019 brachten Luisa und ihre Mitstreiter:innen weltweit Hunderttausende Menschen auf die Straße, und seitdem haben Millionen Menschen an unzähligen Demonstrationen teilgenommen. Dank ihrer Arbeit und des Engagements von Fridays for Future Deutschland kam Klimaschutz in der Mitte der Gesellschaft an und politisierte die Menschen generationenübergreifend.

Als Luisa und ihre Mitstreiter:innen anfingen, auf die Straße zu gehen, und uns alle dazu aufforderten, es ihnen gleichzutun, gab es keinen Kohleausstieg, keinen CO_2-Preis, kein Klimaschutzgesetz, kein Klimaministerium und kein Verfassungsgerichtsurteil, das ihre Forderungen bestätigte. Niemand hatte bis dahin offiziell festgestellt, dass das Klimaschutzgesetz der damaligen schwarz-roten Regierung nicht genügte, um das 1,5-Grad-Ziel des Pariser Klimaschutzabkommens zu erreichen. All diese gerichtlichen Entscheidungen und neu geschaffenen Institutionen sind zu einem großen Teil Luisas Verdienst und das Verdienst von Fridays for Future Deutschland.

Im Frühjahr 2024 schlossen sich Fridays for Future und Ver.di erstmals zusammen, um gemeinsam für bessere Arbeitsbedingungen für Busfahrer:innen und Zugführer:innen einzutreten. Diese Beschäftigten tragen dazu bei, jährlich 9,5 Millionen Tonnen CO_2 einzusparen. Wenn die Politik also möchte, dass mehr Menschen auf öffentliche Verkehrsmittel umsteigen und seltener das Auto nutzen, sind mehr ÖPNV-Angebote nötig. Weil es dafür auch Personal braucht, müssen die Arbeitsbedingungen für die Bediensteten verbessert werden, denn gerade in Ballungsräumen mit ÖPNV sind die Gehälter zu niedrig für die hohen Mieten. Luisa macht deutlich, dass der Verkehrssektor in Deutschland am stärksten dazu beiträgt, die Klimaziele zu verfehlen, und dass die Arbeitsbedingungen in diesem Bereich besonders schlecht sind. Immer wieder findet sie deutliche Worte gegenüber Verkehrsminister Volker Wissing (FDP) und fordert seinen Rücktritt.[75]

Luisa betonte in unserem Gespräch: »Wir brauchen unbedingt mehr Busfahrer:innen für die Klimawende und gehen dabei mit Empathie auf sie zu.« Doch sie unterscheidet zwischen den Sorgen und Nöten der Menschen, die den ÖPNV am Laufen halten, und deren gewerkschaftlichen Vertretungen: »Empathisch zu sein bedeutet nicht, dass ich alles akzeptiere, beispielsweise wenn die Gewerkschaftsspitze Klimaschutz gegen soziale Gerechtigkeit ausspielt, weil sich das angeblich ausschließt. Hier ziehe ich eine klare Linie und fordere eine andere Art des Verhaltens ein.«

Wo sie diese Linie zieht und in den Widerstand geht, hängt für Luisa klar mit der Machtfrage zusammen. Sie unterscheidet stark danach, wer bremst oder blockiert: Wenn Mitarbeitende erklären, dass Klimaschutz schwierig sei in ihrer Firma, ist das etwas anderes als bei einem Konzernchef, der angeblich nicht viel für den Klimaschutz tun kann. Wer mächtig ist, trägt viel mehr Verantwortung als jemand ohne Macht.

Luisa unterscheidet auch zwischen Erkenntnis- und Handlungsprozess. Beim Erkenntnisprozess dreht sich alles um die Frage, wie man vorankommt, wie weite Teile der Gesellschaft überzeugt werden können. Bei diesem

Vorhaben findet sie es entscheidend, offen und empathisch zu bleiben. Dies gelingt ihr, indem sie Fragen ans Gegenüber und an die Gesellschaft stellt. Denn sie hat über die Jahre für sich erkannt, dass sie damit weiterkommt als mit dem Antwortengeben und dadurch mehr Menschen für sich gewinnen kann. Jede ehrlich gemeinte Frage hat für sie einen empathischen Kern, holt die Menschen ab bei ihren Befindlichkeiten und in ihrer Lebenswirklichkeit.

Im Handlungsprozess allerdings, etwa bei Verhandlungen insbesondere mit Personen in Machtpositionen, hat sie nicht das oberste Ziel, per se empathisch zu sein: »Etwa bei Machtmännern, die mir erklären, ich solle Verständnis haben, weil sie gerade Wahlen gewinnen müssten«, so Luisa. Um in solch konkreten Verhandlungssituationen empathisch zu bleiben, brauche es Vertrauen zum Gegenüber, denn man mache sich schließlich verletzlich und verwundbar durch seine zugewandte Offenheit.

Im Dialog miteinander offen zu bleiben, lohnt sich für Luisa nur unter der Prämisse, dass der politische Gegner einen Erkenntnisprozess durchlaufen kann und will. Es geht darum, ob ihr Gegenüber die Absicht hat, Gewalt zu verursachen (gegenüber der Natur und unserer Lebensgrundlage), oder ob dies eher unbewusst geschieht, womöglich als Nebeneffekt einer alten Praxis oder Gewohnheit. Bei Letzterem könne man im konstruktiven Austausch bleiben. Wenn sie keine Bewegung sieht, findet sie es angebracht, ihre Bemühungen einzustellen und das Gespräch abzubrechen. Diesen Schritt dürfe man nicht leichtfertig gehen, denn es sei wichtig, sich selbst immer wieder zu hinterfragen und zu zweifeln. Nichtideologisches Handeln und die Bedeutung von Wachstum spielen dabei in Luisas Aktivismus auch eine bedeutende Rolle.

Beatrice Fihn: Der Weg zu nuklearer Abrüstung

»Fortschritt kommt oft in Wellen«, sagt Beatrice Fihn. Die Juristin war bis Januar 2023 Direktorin der *International Campaign to Abolish Nuclear Weapons* (ICAN). Mit ihrer Organisation mobilisierte sie jahrelang erfolgreich die Zivilgesellschaft, sich für Demilitarisierung zu engagieren. Für ihre Arbeit zum Atomwaffenverbotsvertrag, der im Januar 2021 in Kraft trat, erhielt die ICAN 2017 den Friedensnobelpreis. Der Vertrag verbietet den ratifizierenden Staaten per internationalem Recht, Atomwaffen zu besitzen und einzusetzen.

Beatrice und ich kennen uns seit einigen Jahren, unsere Organisationen (sowohl ICAN als auch ihre neue Organisation Lex International, die sich der Stärkung des Völkerrechts widmet) arbeiten immer wieder zusammen. Im Februar 2024 veranstalteten FRAUEN100 und meine Organisation zum mittlerweile dritten Mal ein besonderes Event bei der Münchner Sicherheitskonferenz. Auf dem inzwischen sehr stark nachgefragten *Feminist Women's only Dinner* durfte Beatrice natürlich nicht fehlen.* Die Keynote-Speakerinnen des Abends waren allesamt zutiefst beeindruckende Frauen, denen eines gemeinsam ist: Sie begehren gegen gewaltvolle Akteur:innen und Systeme auf. Es sprachen die Premierministerin Estlands, Kaja Kallas (die nicht

* Die *Süddeutsche Zeitung* beschrieb die Bedeutung der Veranstaltung mit den Worten: »Die Einladungen zu diesem Abend scheinen mittlerweile, wenn man sich so umhört, beinahe begehrter zu sein als das doch auch ziemlich eindrückliche Siko-Dinner in der Residenz, zu dem alljährlich Hausherr Markus Söder am nächsten Tag ruft.« Ulrike Heidenreich: »Hundert Frauen beim Dinner – und wer kümmert sich um die Kinder?«, in: *Süddeutsche Zeitung Online* vom 17. 2. 2024, https://www.sueddeutsche.de/muenchen/siko-muenchen-frauen-100-charles-hotel-kaja-kallas-dinner-1.6369186 [8. 4. 2024].

nur Wladimir Putin die Stirn bietet), die Friedensnobelpreisträgerin Maria Ressa (die gegen den ehemaligen philippinischen Diktator Rodrigo Duterte aufstand), die Chefin der Menschenrechtsorganisation Human Rights Watch Tirana Hassan (die täglich diejenigen in die Schranken weist, die Menschenrechte verletzen) und eben Beatrice.

Beatrice widmete einen Teil ihrer Rede der Hoffnung. Sie sprach davon, wie wir alle manchmal das Gefühl hätten, aufgeben zu wollen. Als Strategie dagegen schlug sie vor, dass wir uns den Prozess des Fortschritts als *Surfing* vorstellen sollen. Fortschritt komme in Wellen. So sei es unser aller Job, in den Zwischenzeiten, wenn das Wasser sich zurückzieht und sich eine neue Welle anbahnt, zu trainieren und uns auf sie vorzubereiten. Es gehe darum, bereit zu sein, wenn die neue Welle käme. Und während wir warteten, sollten wir Augenkontakt miteinander halten. So wie sie es selbst tue.

Auch mit Beatrice sprach ich während des Schreibprozesses zu diesem Buch. Sie ist für mich eine der beachtlichen Frauen, die es verstanden haben, Empathie und Widerstand zu verbinden und zentral in ihrer Arbeit zu verankern. Auch in unserem Gespräch griff sie das Bild der Welle wieder auf. Sie betonte, dass sie in der aktuellen Lage, die von einer Vielzahl an Herausforderungen geprägt sei, nicht allein auf das Ergebnis ihrer Arbeit setze. Schon allein Teil des Widerstands zu sein, ist für sie von außerordentlicher Bedeutung. »Was auch immer passiert, ich möchte zu denen gehören, die versuchen, positiven und gerechteren Wandel zu erreichen.« Sie fügte hinzu, dass jede Art von Zynismus schädlich sei: »Ich verbringe meine Zeit lieber damit, es zu versuchen, als es nicht zu tun.«

Beatrice ist davon überzeugt, dass Empathie eine der natürlichsten menschlichen Eigenschaften ist. Für andere da sein zu wollen, sich umeinander zu sorgen, sei Teil der menschlichen Natur. Diese Empathie auch gegenüber anderen, die für gewöhnlich nicht unserer In-Group angehören, aufrechtzuerhalten, sei absolut notwendig für das Handeln im politischen Kontext.

Während Beatrice und ihr Team bei ICAN über Jahre hinweg mit unzähligen Organisationen und Aktivist:innen am Nuklearwaffenverbotsvertrag arbeiteten, war Empathie für die Stimmen und die Situation der Menschen, die von Atomwaffen betroffen sind – sei es durch Atomtests, Reaktorunfälle oder Atombombenangriffe –, für ihre Arbeit zentral. Die Erfahrungen und Forderungen der Überlebenden der über Japan abgeworfenen Atombomben, bekannt als »Hibakusha«, spielten eine besondere Rolle für sie. Am Ende bedeute nukleare Abschreckung, so Beatrice, dass »meine Sicherheit wichtiger ist als die Sicherheit des Rests der Welt«. Mit Empathie gelingt es, diesen eindimensionalen Blick zu weiten, Menschen in anderen Teilen der Erde mitzudenken und die Welt sicherer zu machen.

Empathie für diese Menschen und ihre Erfahrungen führte zu einem Widerstand gegen die atomare Rüstungsindustrie und gegen die neun Staaten, die Atomwaffen besitzen.* Gleichzeitig leistete sie auch Widerstand gegen die von einem beachtlichen Teil der Politik(-wissenschaft) und politischen Kommentator:innen getragenen Erzählung eines sogenannten »Realismus«,** wonach bestenfalls alle Staaten Atomwaffen besitzen sollten, um ihre nationale Sicherheit zu garantieren (was eine absolute Dystopie wäre).

---

* Als gesichert gilt das für die USA, Russland, China, Frankreich, das Vereinigte Königreich, Indien, Pakistan, Nordkorea und Israel.

** Ich schreibe darüber ausführlich in meinem Buch *Die Zukunft der Außenpolitik ist feministisch* in den Kapiteln 4 und 11.

Noch besitzen mindestens 150 Staaten keinerlei Atomwaffen oder sind auch nicht Teil einer nuklearen Allianz (Deutschland ist beispielsweise Teil einer nuklearen Allianz und hat US-amerikanische Atomsprengköpfe stationiert). Alle diese Staaten widerstehen der nuklearen Abschreckungslogik und haben sich dazu entschlossen, ihre nationale Sicherheit anders zu gestalten.

Im Zuge ihrer Arbeit zum Atomwaffenverbotsvertrag sah sich Beatrice gelegentlich inneren Konflikten zwischen ihrer Empathie und ihrem Widerstand ausgesetzt. Dies geschah besonders dann, wenn ihr vorgeworfen wurde, zu hart gegen die atomare Rüstungsindustrie und die Regierungen der Staaten vorzugehen, die an den Logiken der nuklearen Abschreckung festhalten und damit die Sicherheit des Großteils der Weltbevölkerung gefährden. Doch wenn sie sich wieder bewusst machte, wer *warum* tatsächlich über Macht verfügte und andere gefährdete, im Gegensatz zu denen, die nicht über diese Form der Macht verfügten und um Sicherheit baten, wurde ihr schnell klar, wie sie ihren Kompass ausrichten musste. Die richtige Balance zwischen Empathie und Widerstand zu finden, während wir daran arbeiten, unsere Gesellschaft sicherer und gerechter zu gestalten, ist keineswegs einfach. Beatrices Beispiel zeigt jedoch, dass wir nicht perfekt sein müssen, um bereits tätig zu werden. Sie und ihr Team haben damit tatsächlich Völkerrecht gestaltet und einen Friedensnobelpreis gewonnen.

Düzen Tekkal: Wegweisende Anerkennung eines Genozids

Düzen Tekkal ist eine der herausragendsten Menschenrechtsverteidiger:innen dieses Landes. Gemeinsam mit ihren Schwestern gründete die Journalistin, Regisseurin und Sozialunternehmerin kurdisch-jesidischer Abstammung vor einigen Jahren die gemeinnützige Organisation HÁWAR.help, die »auf der Asche eines Völkermordes«,[76] nämlich an ihrer eigenen Religionsgemeinschaft, den Jesid:innen, entstanden ist. 2014 drehte sie im Irak den Dokumentarfilm *Háwar – Meine Reise in den Genozid.* Der Film thematisiert den Völkermord, den der Islamische Staat gegen die im Nordirak ansässigen Jesid:innen verübte, insbesondere die sexualisierte und geschlechtsbezogene Gewalt gegenüber Frauen. Am 3. August 2014 ermordete die Terrormiliz mehr als 5000 Jesid:innen mit dem Ziel, diese jahrtausendealte ethnisch-religiöse Gemeinschaft auszulöschen. Außerdem wurden etwa 7000 Frauen und Kinder verschleppt, versklavt – unter anderem zur sexuellen Ausbeutung – oder als Kindersoldat:innen rekrutiert. Düzen berichtet bei Veranstaltungen und in ihren Reden immer wieder von der tiefgreifenden Veränderung in ihrem Leben, ausgelöst durch diese Reise.

Das Engagement Düzens, ihrer Schwestern und ihrer Organisation trug maßgeblich dazu bei, dass der Deutsche Bundestag im Januar 2023 den Völkermord an den Jesid:innen offiziell anerkannte. Doch der Einsatz von HÁWAR.help geht weit darüber hinaus, eine Religionsgemeinschaft zu schützen. Die Organisation betreibt Frauenhäuser in Afghanistan, ist Schallverstärkerin für die Freiheitsbewegung »Frau, Leben, Freiheit« im Iran und setzt sich öffentlichkeitswirksam gegen Antisemitismus und Menschenfeindlichkeit ein.

Im persönlichen Gespräch sagt Düzen, dass ihre Arbeit zur Anerkennung des Völkermords an den Jesid:innen sowohl ihr größter Erfolg als auch ihr größter Schmerz ist. Sie betont: »Wir haben dafür gesorgt, zu zeigen, wer Jesid:innen überhaupt sind. Das ist wichtig – denn Jesid:innen wurden seit jeher dehumanisiert.« Aus Empathie gegenüber ihrer Familie, ihrem Volk und aus Selbstachtung ging sie in den Widerstand gegen das Nicht-gesehen-Werden. Sie setzte sich ein für die Anerkennung des Leids, das den Jesid:innen angetan wurde, nicht nur in Deutschland, sondern ebenso bei der EU oder den Vereinten Nationen in New York. »Mein persönliches Geheimnis ist, dass ich davon überzeugt bin, was ich tue. Ich meine, was ich sage, und sage, was ich meine«, erklärt die Aktivistin und ergänzt: »Die öffentliche und die private Düzen sind dieselbe.« Das bedeutet eine hohe Authentizität in ihrem Widerstand gegen Kriegsverbrechen und Menschenrechtsverletzungen, macht sie aber auch verwundbar aufgrund ihrer Bereitschaft, auch Schwäche zuzulassen, insbesondere wenn sie sich mitfühlend zeigt.

Ihre Kernschwesternschaft, bestehend aus ihren leiblichen Schwestern Tuna, Tezcan, Tuğba und Tülin, begleitet nicht nur ihre Arbeit für Menschenrechte, sondern ist auch die Quelle, aus der sie Kraft und Energie schöpft, sagt Düzen. Ähnlich verhält es sich mit ihrer »spirituellen Schwesternschaft«, ihren Freundinnen, Mitstreiterinnen und Vertrauten.

Düzens Widerstand, ihre Rebellion, manifestierte sich schon früh. »Jedes Mal, wenn man mir als Mädchen sagte, dies und das sei nichts für Mädchen oder Frauen, da würden sich die Männer drum kümmern, hat mich das getriggert.« Egal, ob es um Themen wie Krieg und Frieden gegangen sei oder um den Obstteller im Elternhaus, der nicht angefasst werden durfte, wenn Männer im Raum waren. »Ich habe diesen Widerstand im kurdischen Haushalt immer wieder geübt und damit immer wieder den Familiensegen riskiert«, erinnert sich Düzen. Dabei hatte ihr widerständiges Handeln einen großen Wirkungskreis über sie selbst hinaus: »Der Verhandlungsprozess war immer fürs Kollektiv – es muss allen Menschen gut gehen, die ich liebe.«

Im Kampf für Freiheit geht sie heute als Aktivistin in die Öffentlichkeit, kehrt dann aber zurück, um die anderen, die vielleicht nicht ganz vorne stehen, mitzunehmen. Aus einem Gespür für Ungerechtigkeit erwächst Widerstand, wenn ihre Grenzen überschritten werden. Das passiert immer wieder, denn sie erlebt regelmäßig anti-kurdischen und anti-jesidischen Rassismus.

Ihre Empathie und ihr Impuls zum Aufbegehren haben sich in Krisen entwickelt – sei es damals auf dem Schulhof, als sie ausgeschlossen wurde, oder heute, wenn dieser Ausschluss passiert. »Als marginalisierte Gruppe innerhalb einer marginalisierten Gruppe gehörst du nie einer Mehrheit an«, das verletze und stärke zugleich.

Anfang 2024 äußerte sie in einem Interview, wie wenig sie mit »wütenden Freizeitaktivisten« anfangen könne, die aus ihrem ständigen Zustand der Erbostheit ihre Relevanz konstruieren: »Nelson Mandela war nicht wütend. Er sagte, der Moment, an dem er das Mitgefühl für seine Wärter verliert, wird ein schwieriger Moment. Er ist auch im Gefängnis immer menschlich geblieben. Das wird heute von vielen Aktivisten gar nicht mehr verstanden. Die glauben, es reicht, wegen irgendetwas aufgebracht zu sein. Es ist ein riesiges Missverständnis, dass Aktivismus sich um die Befindlichkeit des Aktivisten dreht. Wut kann ein Motor sein, aber ansonsten stört sie eher, denn sie vernebelt den Blick.«[77]

Im Gespräch mit mir fügt sie hinzu: »Widerstand bedeutet für mich: Tue das, wovon du überzeugt bist, auch wenn du dafür Gegenwind bekommst. Und wenn du trotz des Gegenwinds stehen bleibst, dann stärkt das sowohl den

Empathie- als auch den Resilienzmuskel.« Es sind genau diese Muskeln der Empathie und Resilienz, deren kontinuierliches Training das Rückgrat aufrichtet.

Warum Empathie und Widerstand jetzt so wichtig sind

Ich wurde aus London eingeflogen, studierte zu der Zeit noch in Oxford. Der Anlass: ein Mittagessen in einem traditionsreichen Szenelokal in Berlin-Mitte. Eingeladen waren ungefähr fünfzehn sehr bekannte Frauen der deutschen Medienlandschaft: unter anderem Chefredakteurinnen, Journalistinnen, Herausgeberinnen – und ich. Beim Willkommensgetränk und Small Talk, bevor wir an der langen Tafel Platz nahmen, bekam ich den Eindruck, dass alle anderen sich schon kannten. Ich hingegen lernte an dem Tag alle Frauen erst kennen, inklusive der Gastgeberinnen, einer berühmten deutschen Schauspielerin und einer bekannten Boulevardjournalistin. Wir wollten uns bei diesem beeindruckenden Treffen darüber austauschen, wie Frauen in den Medien dargestellt wurden. Ich hatte mich für die Zusammenkunft qualifiziert, weil ich wenige Wochen zuvor meine Kampagne gegen den Sexismus in der *BILD*-Zeitung gestartet hatte.

In der Gesprächsrunde am Tisch schien die Mehrheit der Anwesenden zu glauben, dass zwar noch Handlungsbedarf bestehe, vor allem bezüglich der Repräsentanz von Frauen in Führungspositionen, doch die Situation im Großen und Ganzen zufriedenstellend sei. Mindestens eine von ihnen hatte eine führende Position bei dem Medium, gegen das ich meine Kampagne führte. Da ich niemanden kannte und selten zuvor in Runden mit so beeindruckenden Frauen saß, fühlte ich mich etwas eingeschüchtert. Dennoch war es mir wichtig, meine Gedanken zu äußern. Ich sprach darüber, dass die weitverbreitete Objektifizierung von Frauen, insbesondere in sogenannten Boulevardmedien, und die exorbitant hohen Raten männlicher Gewalt gegen Frauen sich gegenseitig bedingen. Meine Aussagen riefen Widerspruch und Reibung hervor, was mir in dem Moment unangenehm war, doch das hielt mich nicht von meiner Äußerung ab. Ich musste das aussprechen – obwohl ich allein damit dastand.

Einige Tage nach diesem Mittagessen, ich war bereits zurück in Oxford, telefonierte ich mit der Schauspielerin. Sie engagiert sich inzwischen seit vielen Jahren für Frauenrechte und besonders auch für die Darstellung von Frauen in den Medien. Sie sagte damals: »Ich habe nicht damit gerechnet, wie deutlich du dich positionieren würdest. Du wirktest so unschuldig und brav in deinem schwarzen Kleid, dem altrosa Blazer und den langen blonden Haaren. Und dann warst du zudem so freundlich, zugewandt und herzlich.« Sie bekam das – meine Haltung und klaren Worte – nicht mit meinem freundlichen Auftreten zusammen, das sicherlich auf die britische Höflichkeit zurückgeht, von der ich damals täglich umgeben war und die bis heute prägend für mich ist. Ich solle sie nicht falsch verstehen, sagte sie. »Ich fand deine Aussage sehr gut und wichtig. Ich war nur von der Deutlichkeit und Klarheit überrascht.« Nun war *ich* überrascht – denn warum sollte das eine das andere ausschließen?

Für mich spielt »Kindness« – also diese Kombination aus Wohlwollen, Freundlichkeit und Güte – in meinem Leben eine sehr wichtige Rolle. Kindness ist der Maßstab für mein Verhalten gegenüber anderen, und ich erwarte, dass ich ebenso behandelt werde. Ich kann mich glücklich schätzen, genauso aufgewachsen zu sein und diese Haltung als Wert vermittelt bekommen zu haben. Gleichzeitig sah ich niemals einen Konflikt darin, ebenso für meine Werte einzustehen und wie ich Interaktionen und Beziehungen mit anderen gestalten möchte. Tatsächlich wurde mir erst über die letzten Jahre, durch Social Media und Instagram, bewusst, dass die Gleichzeitigkeit von Kindness und Grenzensetzen für viele gar nicht so natürlich scheint. Immer wieder fallen mir Beiträge in den sozialen Medien auf, die zum Zwecke des Empowerments mantrahaft wiederholen, dass beides möglich sei: Man kann nett und freundlich sein und gleichzeitig Grenzen ziehen und für sich und seine Werte einstehen. Glücklicherweise hatte ich damit nie ein Problem.

Dieses Buch handelt schlussendlich genau davon: Was im Privaten und für meine Identität Kindness und Grenzen sind, fasse ich für meine politische Arbeit und mein Wirken als Empathie und Widerstand. Auch wenn die Gleichzeitigkeit beider Aspekte mich weniger herausforderte, so war und ist es weiterhin für mich ein längerer Prozess, im Politischen zu wissen, wo und wann genau ich meine Grenze ziehe zwischen Empathie und Widerstand. Ob im Umgang mit Freund:innen, meinem Partner oder eben in Bezug auf internationale Konflikte oder den vielversprechendsten Weg, Gesellschaften zum Besseren zu verändern: Wo die Grenze zwischen Empathie und Widerstand gezogen wird, ist sehr subjektiv und individuell. Ich möchte mit diesem Buch auf diesen Balanceakt hinweisen und Anhaltspunkte geben, die helfen sollen, die beiden Pole gut auszutarieren.

Wann immer ich mich unsicher fühle und noch nicht genau weiß, was meine Haltung ist (es ist übrigens auch in Ordnung, keine Haltung oder Meinung zu bestimmten Themen zu haben), orientiere ich mich am Verhalten und an den Vorgehensweisen jener, die in meinen Augen einen der wohl schwierigsten Jobs haben: Peacebuilder:innen. Also diejenigen, die nicht ideologisch auf einer Seite stehen, sondern Ambiguitäten zulassen und versuchen, Brücken zu bauen.

◆◆◆

Während der sechs Jahre, in denen ich zu Feminismus und Außenpolitik arbeite und mit meiner Organisation konkrete Projekte dazu umsetze, waren es immer wieder selbst von Unrecht und traumatisierender Gewalt betroffene Peacebuilder:innen, die meine Haltung am stärksten beeinflusst haben. Menschen, die – obwohl ihnen Schlimmstes widerfahren ist – wahrhaft menschlich, konstruktiv und gewaltfrei kommunizieren und leben.

Zwei solcher Menschen sind Robi Damelin und Ali Abu Awwad, von deren Wirken ich in den Monaten nach dem 7. Oktober lernte. Robi Damelin, eine jüdische Aktivistin, und Ali Abu Awwad, ein ehemaliger palästinensischer Revolutionär, haben beide tragische Verluste im israelisch-palästinensischen Konflikt erlitten.

Robi Damelins Sohn David wurde 2002 im Alter von 28 Jahren von einem palästinensischen Scharfschützen in der Nähe des Checkpoints Ofra getötet. Nach diesem schmerzhaften Verlust wurde sie zur Sprecherin des *Parents Circle – Families Forum* (PCFF). Diese israelisch-palästinensische Organisation vereint über 600 Familien, die alle ein Familienmitglied in diesem lang anhaltenden Konflikt verloren haben.

Ali Abu Awwads Bruder Youssef wurde im Alter von 32 Jahren von einem israelischen Soldaten erschossen.

Trotz dieser persönlichen Tragödien arbeiten Damelin und Awwad gemeinsam für den Frieden im Nahen Osten.

Awwad betont die Bedeutung eines Friedensprozesses, der beim Verhalten ansetzt und nicht beim Streit über Identitäten. Er betont, dass Besatzung und Gewalt Verhaltensweisen sind und dass echter Wandel nur erreicht werden kann, wenn Menschen ermutigt werden, ihr Verhalten ins Positive zu ändern, statt sich auf ihre Identität als Palästinser:in, Jude/Jüdin usw. zu fokussieren.

In eine ähnliche Kerbe schlägt Damelin, wenn sie sagt: »Indem du dich als pro-palästinensisch oder pro-israelisch bezeichnest, hilfst du uns nicht. Du fühlst dich nur gut dabei.«[78] Und Awwad äußert in einem Podcast: »Wenn Krieg Wut braucht, braucht Frieden Mut. Versöhnung braucht Wahrheit.«[79]

Um diese Friedensarbeit leisten zu können, brauchen Peacebuilder:innen wie Awwad, Damelin und all die anderen die Ressourcen, um die Menschen und ihr Umfeld auf Einigung und ein friedliches Miteinander vorzubereiten. Der Hass und der Schmerz müssen in Menschlichkeit verwandelt werden. Genau darauf zielt die Arbeit von Graswurzelbewegungen: Aktivismus. Doch das lässt sich nicht allein mit Luft und Liebe bewerkstelligen. Peacebuilder:innen, ihre Bewegungen und Organisationen sind auf Finanzmittel angewiesen.

Für mich wird es eines der größten Rätsel der Menschheit bleiben, warum jedes Jahr Billionen in Aufrüstung, Zerstörung und todbringende Waffen investiert werden. Seit einiger Zeit nehmen die jährlichen Rüstungsausgaben sogar stetig zu. Wir stecken wieder in einer Aufrüstungsspirale. Politiker:innen und das Weltgeschehen kommentierende Journalist:innen überschlagen sich geradezu, wenn sie nach noch höheren Militärausgaben rufen. Das scheint auf den ersten Blick verständlich angesichts zunehmender weltweiter Bedrohungen mit realen Angriffskriegen oder Massenvernichtungswaffen in den Händen autoritärer *Strongmen.*

Trotz dieser realen Bedrohungslage müssen wir jedoch dringend damit aufhören, unsere Gesellschaft zu militarisieren und im Ausbau der Rüstungsindustrie eine Lösung zu sehen. Das sind lediglich politische *Reaktionen,* aber keine *Lösungen.* Es ist essenziell, den Unterschied zwischen Reaktionen und Lösungen zu verstehen. Eine Lösung verbessert die Lage, eine Reaktion ist hingegen nur irgendeine Antwort, ohne das Versprechen auf einen Fortschritt.

Wann immer ich mir solche Fakten und Umstände vor Augen führe, zoome ich mich gerne etwas hinaus und versuche, aus der Distanz auf die Geschehnisse in der Welt zu blicken. Mir wird dann immer wieder klar, wie unglaublich dumm und zu kurz gedacht die Mittelvergabe ist. Wieso wird so viel Geld für mehr Gewalt, mehr Töten ausgegeben, statt diesen Zustand zu beenden und Frieden zu erreichen?

Einer der ersten Sätze, die ich in meiner Rolle als gemeinnützige Unternehmerin verinnerlichte, war: *What you focus on gets bigger.* Das, worauf wir uns konzentrieren, wird wahrscheinlich größer und erfolgreicher. Das gilt nicht nur für Unternehmer:innen, sondern ganz genauso in der Politik. Wenn wir kurzfristig und kurzsichtig denken und Reaktionen mit Lösungen verwechseln, gefährden wir unser friedliches, demokratisches weltweites Zusammenleben.

Leider sind diejenigen, die an der Zerstörung von demokratischen Strukturen und der Aushöhlung von Menschenrechten arbeiten, zahlreich, erfolgreich und mächtig. Allen voran gilt das für sogenannte *Strongmen:* In seinem Buch *The Age of the Strongman*[80] schreibt Gideon Rachman, dass Wladimir Putin sowohl der Archetyp als auch das Vorbild für die derzeitige Generation von *Strongmen* sei. Ihr überall zu beobachtender Aufstieg habe die Weltpolitik grundlegend verändert und bringe den nachhaltigsten globalen Angriff auf die liberalen demokratischen Werte seit den 1930er-Jahren mit sich. Zu den *Strongmen* zählen Rachman zufolge neben Wladimir Putin auch Xi Jinping, Recep Tayyip Erdoğan, Viktor Orbán, Jair Bolsonaro, Donald Trump, Andrés Manuel López Obrador, Rodrigo Duterte, Narendra Modi – und ich würde nun auch Javier Milei ergänzen. Diese populistischen und autoritären Anführer, Verächter liberaler und demokratischer Werte, bestimmen die Weltpolitik.

Die autoritäre und meist rechtsextreme Ideologie hinter vielen dieser *Strongmen* bedroht Menschen und insbesondere Frauen und andere politische Minderheiten weltweit. Das gilt auch hier in Deutschland. Während die Gefahr, die von Rechten und Rechtsextremen ausgeht, zunehmend verstanden zu sein scheint, gibt es viel weniger Aufmerksamkeit für die Bedrohung von Frauenrechten. Eine Umfrage des Meinungsforschungsinstituts Civey Anfang 2024 ergab, dass sich 48 Prozent der Bevölkerung (ziemlich identisch bei Männern und Frauen) keine Sorgen machen, dass mit zunehmendem Erfolg der AfD bereits erreichte Fortschritte bei der Gleichstellung der Geschlechter wieder rückgängig gemacht werden.[81]

Rechtsextremismus und Antifeminismus sind keine isolierten Phänomene. Sie gehen oft Hand in Hand. Sie teilen die Vorstellung einer vermeintlich »natürlichen« gesellschaftlichen Ordnung, in der traditionelle Geschlechterrollen fest verankert sind und Frauen eine untergeordnete Rolle spielen. Und so wie für die Familie eine starke Vaterrolle gefordert wird, braucht es eine starke politische Führungspersönlichkeit, die das Land und die Nation lenkt und »schützt« – so die rechtsextreme Erzählung. Deshalb ist für mich klar, dass in den nächsten Jahren ein großer Teil meines Widerstands in die Bekämpfung rechter und rechtsextremer Ideologien fließen wird.

Zu den Grundlagen neurechter und extrem rechter Politiken gehört die Absage an Feminismus sowie finanzielle, soziale und körperliche Freiheiten von Frauen und vielfältige Lebensentwürfe von Frauen und Familien. Außerdem werden die Rechte der LGBTQI-Community negiert und die Genderforschung lächerlich gemacht und bekämpft.

Das Lächerlichmachen und der Kampf gegen Feministinnen oder Gender-Mainstreaming, das Agitieren gegen sexuelle Vielfalt und die Gleichheit der Geschlechter fallen auch in der Mitte der Gesellschaft auf fruchtbaren Boden: Jeder dritte Mann und jede fünfte Frau haben in Deutschland ein geschlossenes antifeministisches Weltbild.[82]

Antifeminismus ist so alt wie die emanzipatorische Bewegung des Feminismus selbst. Der Kampf für eine gleichberechtigte Gesellschaft im deutschen Kaiserreich um 1849 ging mit heftigen antifeministischen Reaktionen einher. Im Nationalsozialismus wurde die Frau auf ihre Rolle als Mutter und Erhalterin der »Volksgemeinschaft« reduziert. Homosexualität wurde als Gefahr für das Bevölkerungswachstum der »arischen Rasse« gebrandmarkt. 1933 wurde das Institut für Sexualforschung von Magnus Hirschfeld (jüdisch, schwul, Sozialist) geplündert und geschlossen. Diese antifeministischen Politiken und Ideologien setzen sich in verschiedensten Formen bis heute fort.

Eine tief sitzende Abscheu (bestimmten) Frauen gegenüber wirkt wie ein verbindendes Gewebe zwischen *White Supremacists,* Alt-Right-Bewegungen, Rechtsextremen und ihren weniger bekannten Subkulturen wie Incels, Männerrechtlern/*Manosphere* und Pick-up-Artists. Die Hierarchisierung und Abwertung von Frauen und »Weiblichkeit« unter Männern und »Männlichkeit« mischt sich insbesondere in aktuell populären Verschwörungsideologien mit Antisemitismus und Rassismus – dieses Gemisch ist eine treibende Kraft für Gewalt und Terrorismus.

Deutlich wird die Gefährlichkeit vor allem bei der erfolgreichen Verbreitung eines verschwörungsideologischen Narrativs rechtsextremen Ursprungs: der des »großen Austauschs« beziehungsweise der »Umvolkung«. Die Rechten hängen der Fantasie an, die Regierung arbeite daran, die *weiße* Bevölkerung durch Migrant:innen zu ersetzen. Dieser Austausch werde durch die sinkenden Geburten unter *weißen* Frauen und steigende Geburtenraten in der migrantischen Bevölkerungsgruppe und eine liberale Migrationspolitik organisiert. Angeblich schuld daran: der Feminismus, der Frauen einrede, lieber Karriere zu machen, statt Kinder zu bekommen, der Zugang zu sicheren Abtreibungen und »die Juden«, die dieses Geschehen lenken würden. Dieses Narrativ zeichnet das Bild einer Notwehrsituation, auf die Rechtsextreme sich berufen: gegen die »Migrationswaffe« und die, die sie führen, »die Juden«, aber auch gegen die »Agenten«, die dabei helfen. Damit geraten Vertreter:innen der demokratischen Zivilgesellschaft in den Fokus. Diese brandgefährliche Ideologie des »großen Austauschs« findet sich etwa in den Pamphleten der Attentäter von Halle und Christchurch.*

Beim Nachdenken über dieses Thema komme ich nicht umhin, an die Worte der großen feministischen Schriftstel-

---

* Den Anstoß zu meinen Gedanken über die Verbindung von Antifeminismus und Rechtsextremismus gab eine Rede, die ich kurz vor der Europawahl 2024 bei einer Veranstaltung des *Centre for Feminist Foreign Policy* hielt. Bei der Ausarbeitung meiner Rede unterstützte mich Judith Rahner, eine Expertin für Antifeminismus und Autoritarismus.

lerin Virginia Woolf zu denken: »Die Geschichte des Widerstands der Männer gegen die Emanzipation der Frauen ist möglicherweise interessanter als die Geschichte dieser Emanzipation selbst.«[83] Diese Form des Widerstands gegen die Menschenrechte und persönlichen Freiheiten einer bestimmten Bevölkerungsgruppe erfordert unbedingt *unseren* Widerstand.

Die Weltlage ist mehr als kritisch: Im März 2024 stellte Brot für die Welt die neuesten Zahlen des *Atlas der Zivilgesellschaft* vor. Demnach leben nur 170 Millionen Menschen – rund 2 Prozent der Weltbevölkerung – in Staaten, in denen zivilgesellschaftliche Grundfreiheiten wie Meinungs- und Versammlungsfreiheit garantiert sind: Das sind jene 37 Länder, die im CIVICUS-Monitor, auf den sich der *Atlas* bezieht, als »offen« klassifiziert werden. Deutschland fällt in diesem Jahr nicht mehr in diese Kategorie. Es wurde auf »beeinträchtigt« herabgestuft, besonders aufgrund des Umgangs mit Klimaschutzaktivist:innen durch Behörden und Justiz. Die meisten Menschen auf der Welt lebten 2023 in Ländern, in denen die Zivilgesellschaft »beschränkt«, »unterdrückt« oder »geschlossen« ist. In diesen autoritär organisierten Staaten beschneiden Regierungen Freiheitsrechte und drangsalieren, verhaften oder verfolgen Kritiker:innen. Im Durchschnitt trifft das auf sechzig Prozent der Länder zu.[84] Die Welt hat heute mehr geschlossene Autokratien als liberale Demokratien – zum ersten Mal seit mehr als zwei Jahrzehnten. 2,2 Milliarden Menschen in geschlossenen Autokratien stehen nur etwa einer Milliarde Menschen in liberalen Demokratien gegenüber.[85]

Die globalen Herausforderungen verlangen, dass wir uns politisieren und aktiv werden für Demokratie, Menschenrechte, den Erhalt unserer Lebensgrundlagen, Frieden und Sicherheit für alle. Dafür brauchen wir eine klare und den Menschen zugewandte Haltung: Empathie. Und wir müssen wissen, wann Grenzen überschritten werden und Einhalt zu gebieten ist: Widerstand.

Für beides soll dieses Buch anregen, begriffliche Klarheit schaffen und Zuversicht schenken.

Und während die oben genannten Zahlen mich kurz sprachlos machen, so dauert dieser Zustand nicht lange an. Denn sogleich drücke ich wieder meinen Rücken durch, komme in eine aufrechte Haltung und begebe mich ins Handeln.

Das wünsche ich uns allen.

Danke

Viele Menschen haben mit ihrem Verstand, Wissen, ihrer Expertise und ihrem Herzen dazu beigetragen, dass dieses Buch in seiner jetzigen Form existiert. Dafür bin ich zutiefst dankbar.

Mein größter Dank gilt meinen beiden Lektorinnen, Silvie Horch und Heike Wolter. Danke, dass ihr mir tatkräftig geholfen habt, dieses Buch auf die Welt zu bringen. Die erneute Zusammenarbeit mit euch hat mir nicht nur viel Freude bereitet, sondern mich auch wachsen lassen. Ich hoffe auf viele weitere gemeinsame Projekte! Ein herzliches Dankeschön auch an Nathanael Stute für deine wertvolle Unterstützung im Lektoratsprozess. Ebenso danke ich meinem Verlag Ullstein und dem großartigen Team, mit dem ich dort zusammenarbeiten darf.

Ein riesiges Dankeschön geht an die folgenden Menschen, die auf ganz unterschiedliche Weise den Entstehungsprozess des Buches und mich unterstützt haben – sei es durch wertvolle Denkanstöße, das Gegenlesen des Manuskripts oder die Möglichkeit, sie zu porträtieren: Ailbhe Smyth, Beatrice Fihn, Beggymaus Seemann, Bianca Praetorius, Düzen Tekkal, Enissa Amani, Ijad Madisch, Janina Hell, Jutta von Falkenhausen, Luisa Neubauer, Navid Norouzi (liebe dich <3), Nina Bernarding, Thomas Grischko und Yara Hoffmann. Euch allen danke ich von Herzen.

Anmerkungen

1 Maren Urner: *Radikal emotional. Wie Gefühle Politik machen,* München 2024, S. 15.
2 Heidi Kastner: *Dummheit,* Wien 2021, S. 65.
3 Vgl. Kristina Lunz: »Wie ich es als Arbeiterkind vom Dorf nach Oxford schaffte«, in: *ze.tt* vom 4. 11. 2016, https://www.zeit.de/zett/2016-11/vom-dorf-nach-oxford [5. 4. 2024].
4 Rebecca Traister: *Good and Mad – The Revolutionary Power of Women's Anger,* New York 2018, Übersetzung der Autorin.
5 »›Bild‹ verabschiedet sich vom Oben-ohne-›Bild-Girl‹«, in: *Süddeutsche Zeitung* vom 12. 3. 2018, https://www.sueddeutsche.de/wirtschaft/medien-berlin-bild-verabschiedet-sich-vom-oben-ohne-bild-girl-dpa.urn-newsml-dpa-com-20090101-180312-99-443848 [15. 4. 2024].
6 Kampagne »#ausnahmslos. Gegen sexualisierte Gewalt und Rassismus. Immer. Überall.«, https://ausnahmslos.org/ [15. 4. 2024].
7 Kristina Lunz: »Nein heißt nein!«, in: *Zeit Online* vom 8. 3. 2016, https://www.zeit.de/gesellschaft/2016-03/sexuelle-gewalt-vergewaltigung-reform-sexualstrafrecht-un-women [31. 07. 2024].
8 Kim Stanley Robinson: *Das Ministerium für die Zukunft,* München 2021, S. 51.
9 Bundesverband Frauenberatungsstellen und Frauennotrufe Frauen gegen Gewalt e. V. (Hrsg.): »Kampagne ›Vergewaltigung Verurteilen‹«, https://www.frauen-gegen-gewalt.de/de/aktionen-themen/kampagnen/vergewaltigung-verurteilen/zahlen-und-fakten-zum-plakat-vergewaltigung-verurteilen.html [15. 4. 2024].

10 Harvard Radcliffe Institute: »Ruth Bader Ginsburg Tells Young Women: ›Fight For The Things You Care About‹«, 6. 2. 2015, https://www.radcliffe.harvard.edu/news-and-ideas/ruth-bader-ginsburg-tells-young-women-fight-for-the-things-you-care-about [31. 7. 2024], Übersetzung der Autorin.

11 V-Dem Institute: »Democracy Report 2023. Defiance in the Face of Autocratization«, S. 6, https://www.v-dem.net/documents/29/V-dem_democracyreport2023_lowres.pdf [5. 4. 2024].

12 Kastner: *Dummheit*, S. 80 ff.

13 Ebd., S. 86.

14 Visit Britain Media Centre: »The human failing I would most like to correct is aggression, Stephen Hawking tells London's Guest of Honour«, 20. 2. 2015, https://www.visitbritain.com/gb/en/media/corporate-news/human-failing-i-would-most-correct-aggression-stephen-hawking-tells-londons-1 [31. 7. 2024].

15 Paul Bloom: *Against Empathy. The Case for Rational Compassion*, New York 2016.

16 Fritz Breithaupt: *Die dunklen Seiten der Empathie*, Frankfurt am Main 2017, S. 7, 11.

17 Ebd., S. 7.

18 Ebd., S. 109.

19 Ebd., S. 111.

20 Zu der in den sozialen Medien weit verbreiteten Anekdote findet sich keine Quellenangabe, sie scheint aber auf den Christen und Friedensaktivisten A. J. Muste zurückzugehen: https://www.spiritualityandpractice.com/practices/naming-the-days/view/16580/a-j-muste-day [31. 7. 2024].

21 Susan Neiman: *Left Is Not Woke*, Cambridge 2023, S. 11 ff.

22 Ebd., S. 26 ff.

23 Michael Sfard: »In Gaza, Israel Is Racing to the Moral Abyss«, in: *Haaretz* vom 23. 10. 2023, https://www.haaretz.com/israel-news/2023-10-23/ty-article-opinion/.premium/in-gaza-israel-is-racing-to-the-moral-abyss/0000018b-57d1-d8e2-a1eb-f7d7dc100000 [15. 4. 2024], Übersetzung der Autorin.

24 Lisa Jaspers, Naomi Ryland, Silvie Horch (Hrsg.): *Unlearn Patriarchy,* Berlin 2022.

25 Neiman: *Left Is Not Woke,* S. 143.

26 Kristina Lunz: Instagram-Beitrag vom 30. 10. 2024, https://www.instagram.com/p/CzCbDMoMoD5/ [15. 4. 2024].

27 Lena Gorelik, Miryam Schellbach, Mirjam Zadoff: »Vorwort«, in: dies. (Hrsg.): *Trotzdem sprechen,* Berlin 2024, S. 7–11, hier S. 7 f.

28 Martin Luther King: »Die Zeit für schöpferischen Protest ist gekommen« (1963), in: Andreas Braune: *Ziviler Ungehorsam. Texte von Thoreau bis Extinction Rebellion,* Ditzingen 2023, S. 89.

29 Antje Schrupp: Instagram-Beitrag vom 23. 10. 2023, https://www.instagram.com/antjeschrupp/ [15. 4. 2024].

30 David P. Barash: *Out of Eden. The Surprising Consequences of Polygamy,* Oxford 2016, S. 9, 27, Übersetzung der Autorin.

31 Elizabeth Flock: *The Furies. Three Women and Their Violent Fight for Justice,* New York 2024, S. 3; Nimmi Gowrinathan: *Radicalizing Her. Why Women Choose Violence,* Boston 2021.

32 Centre for Feminist Foreign Policy: »Über 100 namhafte Frauen aus Politik, Kultur und Wirtschaft fordern ihre Rechte ein: Dringender offener Brief an Justizminister Buschmann (FDP) und die Bundesregierung zu ihrer Blockade-Haltung zum EU-weiten Schutz von Millionen von Frauen vor Gewalt«, 29. 1. 2024, https://centreforfeministforeignpolicy.org/2024/01/29/dringender-offener-brief-an-justizminister-buschmann/ [16. 6. 2024].

33 https://speakola.com/grad/ursula-le-guin-we-are-volcanoes-bryn-mawr-1986, Übersetzung der Autorin.

34 https://www.instagram.com/p/C9XUnCMMKl-/.

35 Teaser-Text des KiWi-Verlags zu Benjamin von Stuckrad-Barres Roman *Noch wach?,* https://www.kiwi-verlag.de/buch/benjamin-von-stuckrad-barre-noch-wach-9783462311457 [15. 4. 2024].

36 Philipp Sterzer: *Die Illusion der Vernunft,* Berlin 2022, S. 250 f.

37 Mirna Funk: *Von Juden lernen,* Berlin 2024, S. 122 ff.

38 Ebd., S. 124.

39 Ebd., S. 124 ff.

40 Ebd., S. 130 f.

41 Ebd., S. 136.

42 Lyndsey Stonebridge: *Wir sind frei, die Welt zu verändern,* München 2024, S. 18.

43 Kristina Lunz: »Neun Tipps für angehende Aktivist*innen«, in: *ze.tt* vom 8. 3. 2017, https://www.zeit.de/zett/politik/2017-03/9-tipps-fuer-angehende-aktivistinnen [8. 4. 2024].

44 Friedemann Karig: *Was ihr wollt. Wie Protest wirklich wirkt,* Berlin 2024, S. 104.

45 Neiman: *Left Is Not Woke,* S. 92.

46 Rupi Kaur: *die blüten der sonne. poetry,* Frankfurt am Main 2018, S. 213.

47 Dieser Absatz ist stark inspiriert von Emilia Roig: *Why We Matter. Das Ende der Unterdrückung,* Berlin 2021, S. 108 ff.

48 Nicole Seifert: *Frauen Literatur. Abgewertet, vergessen, wiederentdeckt,* Köln 2021.

49 Stonebridge: *Wir sind frei, die Welt zu verändern,* S. 235 f. (darin auch das Arendt-Zitat).

50 Eva Menasse: *Alles und nichts sagen. Vom Zustand der Debatte in der Digitalmoderne,* Köln 2023, S. 7.

51 Ebd., S. 15.

52 Heinz Bude: »Das ganze Land muss den Schalter umlegen. Über die neue Wut in Deutschland«, Podcast *#daspolitikteil,* 12. 1. 2024, https://www.zeit.de/politik/2024-01/proteste-ampel-stimmung-politikpodcast [8. 4. 2024].

53 Menasse: *Alles und nichts sagen,* S. 17.

54 Maryam Zaree: »Träume«, in: Gorelik, Schellbach, Zadoff (Hrsg.): *Trotzdem sprechen,* S. 20.

55 Menasse: *Alles und nichts sagen,* S. 96.

56 Kristina Lunz: Instagram-Beitrag vom 8. 10. 2023, https://www.instagram.com/p/CyI_kFaMg7a/ [8. 4. 2024].

57 Breithaupt: *Die dunklen Seiten der Empathie,* S. 106.

58 Sven Becker u. a.: »Der Chef der Münchner Sicherheitskonferenz und seine diskreten Geschäfte mit den Mächtigen«, in: *Spiegel* vom 17. 2. 2022, https://www.spiegel.de/politik/

deutschland/wolfgang-ischinger-der-chef-der-muenchner-sicherheitskonferenz-und-seine-diskreten-geschaefte-mit-den-maechtigen-a-733eac53-e114-4cf6-8f19-25885bca8be2 [8. 4. 2024].

59 Heike Specht: *Die Ersten ihrer Art. Frauen verändern die Welt,* München 2024, S. 62 ff.

60 Omri Boehm am 29. 5. 2024 bei einer Veranstaltung der Ullstein Buchverlage.

61 Asha Hedayati: »Unlearn Recht«, in: Emilia Roig, Alexandra Zykunov, Silvie Horch (Hrsg.): *Unlearn Patriarchy 2,* Berlin 2024, S. 119–138, hier S. 119 ff.

62 Ein Beispiel: »Die Rammstein-Konzerte müssen abgesagt werden«, in: *Focus Online* vom 9. 6. 2023, https://www.focus.de/panorama/die-rammstein-konzerte-muessen-abgesagt-werden_id_195949029.html [8. 4. 2024].

63 Ebd.

64 »The 1 % of the population accountable for 63 % of all violent crime convictions«, 31. 10. 2013, *National Center for Biotechnology Information,* https://www.ncbi.nlm.nih.gov/pmc/articles/PMC3969807/ [31. 7. 2024].

65 »Dunkelfeldstudie des Bundeskriminalamtes ›Sicherheit und Kriminalität in Deutschland. SKiD 2020‹«, https://www.frauen-gegen-gewalt.de/de/infothek/gewalt-gegen-frauen/studienergebnisse/dunkelfeldstudie-skid-bka-2022.html [15. 7. 2024].

66 Sebastian Kemnitzer und Lisabell Shewafera: »Warum werden so wenige Täter verurteilt?«, in: *tagesschau.de* vom 1. 11. 2019, https://www.tagesschau.de/investigativ/report-muenchen/verurteilungen-vergewaltigung-101.html [31. 7. 2024].

67 Julian Dörr: »Der Mythos der falschen Beschuldigung«, in: *Süddeutsche Zeitung* vom 12. 10. 2018, https://www.sueddeutsche.de/kultur/sexualisierte-gewalt-der-mythos-der-falschen-beschuldigung-1.4166540 [15. 7. 2024].

68 Vgl. dazu auch das Unterkapitel »Feministisches Völkerrecht« meines Buches *Die Zukunft der Außenpolitik ist feministisch,* S. 156 ff.

69 Brené Brown: *Führung wagen,* München 2023, S. 38.

70 Kristina Lunz: »Abtreibungsreferendum: Warum britische Universitäten irischen Studierenden Geld für die Heimreise zahlen«, in: *ze.tt* vom 25. 5. 2018, https://www.zeit.de/zett/politik/2018-05/abtreibungsreferendum-warum-britische-universitaeten-irischen-studierenden-geld-fuer-die-heimreise-zahlen [8. 4. 2024].

71 Guen Murroni: »Under Irish law, a woman who seeks an abortion after rape can face a longer prison sentence than her rapist – but this could be about to change«, in: *The Independent Online* vom 14. 12. 2017, https://www.independent.co.uk/voices/ireland-abortion-referendum-illegal-legal-rape-vote-may-june-2018-20-december-decision-a8110706.html [8. 4. 2024].

72 Nadja Al-Khalaf: »5 Dinge, die ihr über Schwangerschaftsabbrüche in Irland wissen solltet«, in: *ze.tt* vom 7. 5. 2018, https://www.zeit.de/zett/politik/2018-05/5-dinge-die-ihr-ueber-schwangerschaftsabbrueche-in-irland-wissen-solltet [8. 4. 2024].

73 Ebd.

74 Enissa in unserem Gespräch am 15. 3. 2024.

75 Luisa Neubauer: Instagram-Beitrag vom 15. 3. 2024, https://www.instagram.com/p/C4jDPjjNAvx/?img_index=3 [8. 4. 2024].

76 Háwar (Hrsg.): »9. Jahrestag Genozid an den Jesiden. Unsere Forderungen«, 28. 7. 2023, https://www.hawar.help/de/neunter-jahrestag-forderungen/ [15. 4. 2023].

77 Johanna Adorján im Interview mit Düzen Tekkal: »Ich lasse mich nicht einschüchtern«, in: *Süddeutsche Zeitung* vom 4. 1. 2024, https://www.sueddeutsche.de/projekte/artikel/gesellschaft/menschenrechte-duezen-tekkal-jesiden-frauenrechte-e706615/ [15. 4. 2024].

78 Sarfraz Manzoor: »She's Israeli, he's an Arab. War has made them like mother and son«, in: *The Guardian Online* vom 10. 5. 2009, https://www.theguardian.com/world/2009/may/10/palestine-israel-peace-campaigners [15. 4. 2024], Übersetzung der Autorin.

79 Brené Brown: »Ali Abu Awwad and Robi Damelin on nonviolence as the path to freedom for Palestinians and Israelis«, Podcast *Unlocking Us,* 28. 2. 2024, https://open.spotify.com/

Kristina Lunz, geboren 1989, ist Unternehmerin, Autorin und Aktivistin. Sie wurde nach einem Bachelor in Psychologie und einem ersten Masterabschluss in London Stipendiatin an der Universität Oxford, wo sie *MSc Global Governance and Diplomacy* studierte. Nach ihrem Abschluss arbeitete sie unter anderem für die Vereinten Nationen in Myanmar und für eine NGO in Kolumbien. Seit 2018 ist sie Mitgründerin und CEO des *Centre for Feminist Foreign Policy* (CFFP) in Berlin, von 2019 bis 2020 war sie zusätzlich als Beraterin im Auswärtigen Amt tätig.

Kristina hat etliche aktivistische Kampagnen (mit-)initiiert und zahlreiche Auszeichnungen sowie Fellowships renommierter Institutionen erhalten. Sie wurde 2019 von *Forbes* als eine der »30 unter 30« in Europa ausgezeichnet und ist *Young Leader* der Atlantik-Brücke, *Ashoka Fellow*, *BMW Foundation Responsible Leader*, eine der »Vordenker*innen 2020« von *Handelsblatt* und wurde vom *Focus* zu einer der »100 Frauen des Jahres 2020« erklärt. Von 2022 bis 2024 war sie Mitglied der *Advisory Group* der *Goalkeepers*-Initiative der *Bill and Melinda Gates Foundation* zu den Zielen für nachhaltige Entwicklung der Vereinten Nationen. Ihr wurde außerdem der German Start-Up Award als *»Impact Entrepreneurin 2024«* verliehen.

Kristinas erstes Buch *Die Zukunft der Außenpolitik ist feministisch* (Econ 2022) avancierte zum Bestseller und wurde ins Englische übersetzt. Sie trug ein Kapitel zu den Sammelbänden *Unlearn Patriarchy* sowie *Unlearn* CO_2 bei (Ullstein 2022 und 2024).

www.kristinalunz.com

episode/285yv6vwamFdu32HoNH4cW?si=1f800ba4a4ba4e84 [15. 4. 2024], Übersetzung der Autorin.

80 Gideon Rachman: *The Age of The Strongman. How the Cult of the Leader Threatens Democracy around the World*, New York 2022.

81 https://app.civey.com/dashboards/frauen100-17612.

82 »Leipziger Autoritarismus-Studie 2022«, https://www.theol.uni-leipzig.de/fileadmin/ul/Dokumente/221109_Leipziger-Autoritarismus-Studie.pdf [31. 7. 2024].

83 Virginia Woolf: *Ein Zimmer für sich allein*, Berlin 2023 [1929], S. 79.

84 »CIVICUS-Monitor: Atlas der Zivilgesellschaft 2024«, https://www.brot-fuer-die-welt.de/fileadmin/mediapool/Atlas_der_Zivilgesellschaft/2024/Atlas_der_Zivilgesellschaft_2024.pdf [8. 4. 2024].

85 V-Dem Institute: »Democracy Report 2023«, https://www.v-dem.net/documents/29/V-dem_democracyreport2023_lowres.pdf [8. 4. 2024].